许继锋，国家一级导演，中国电视家协会会员，首届西湖国际纪录片大会（IDF）国际评审团成员和中国（广州）国际纪录片节评委，浙江图书馆“文澜讲坛”和浙江师范大学等高校客座教授。2018年加入西泠印社社友会。

曾创办浙江卫视品牌节目《风雅钱塘》。作品屡获中国电视“星光奖”“金鹰奖”和各专委会大奖。2003年获全国第四届“百佳电视艺术家”和浙江省“十佳电视艺术家”称号；2011年获中广联纪录片委员会“纪录·十年”优秀纪录片导演奖；新作《孤山路31号》入围《纪录中国》“2018中国最受关注十大纪录片”，获国家广电总局“2018国产纪录片及优秀人才扶持项目”最佳系列纪录片、最佳撰稿和中广联纪录片委员会优秀导演、最佳摄像等十几项大奖。

孤山路31号

许继锋 主编

西泠印社出版社

[孤山路31号]
SEAL
IN TIME

SEAL
IN TIME
[孤山路31号]
SEAL
IN TIME

SEAL TIME
[孤山路31号]
SEAL
IN TIME

[孤山路31号]
SEAL
IN TIME

序

君子的表情

《孤山路 31 号》是系列纪录片《西泠印社》的第一部，为致敬西泠印社创社 115 年而作。

我于 2016 年夏天开始系列纪录片项目《西泠印社》的调研，接触了大量有关西泠印社的文献资料。现在依然记忆深刻的、最为震撼的阅读体验，是我看见西泠印社第一批创建者的照片。我以为，西泠印社最可宝贵的收藏，不只是在 115 年间由几代社员捐献的 10000 多件罕见的金石印学的顶级珍藏，还应该包括这些看得见时间痕迹和人格表情的老照片。

在这些旧照片里，我们看到了怎样的表情呢？

凝视照片，首先吸引我们的是那些眼神……

在那些从容沉稳的眼神里，我们看到的是温润坚忍以及睿智，看到的是即便穿越 100 多年依然清晰的执着和尊严。

丁仁、王禔、叶铭和吴隐，这四位西泠印社的最初创建者，被后世西泠印社社员尊称为“创社四君子”。我确信，我应该是从照片里读到了这种“君子表情”。

孤山之巅，华严经塔以西，有观乐楼。

观乐楼筑于 1920 年，为吴隐从孙吴善庆捐建。观乐楼的东墙，勒有一方丁辅之撰文、王福庵题篆额、吴昌硕书、叶为铭刻的石碑。碑文上说，观乐楼及左近遁庵、还朴精庐等各处所名称，多有合于述德诵芬之旨，事关“崇祀吴氏先德泰伯、仲雍、季札，其至德茂矩，微特吴氏世世子孙，即印社同人之子若孙，自今以迄，百世希贤希圣之士，皆当景仰瞻拜于无穷者也”。吴隐，祖籍浙江山阴，系延陵季子第 88 世孙，因而在孤山筑室祭祀，虽立碑将吴家私有建筑悉数捐出，以为印社中人乐群敬业之所，更期望其先德风雅可以传至永久。

那么，延陵季子是谁？

季札，也称公子札，春秋时代吴王寿梦第四子，延陵（今常州）乃其封地。《史记》太史公言："延陵季子之仁心，慕义无穷，见微而知清浊。呜呼，又何其闳览博物君子也！"春秋是诸侯争霸、勇者立功的时代，也是君子立德、圣人立言的时代。寿梦因季札贤能而欲传位于他，他以不合礼制固辞不受，为避王位"弃其室而耕"。季子出使中原列国，观乐于鲁，问道群贤，守信在心，挂剑冢树。季札去世后，孔子亲题十字篆文碑，上书"呜呼有吴延陵季子之墓"。无论是司马迁，还是孔圣人，都把季札尊为南方的第一位君子。

我们相信，季子后人的身世，并没有给吴隐带来什么额外的财富与声誉，就像王福庵考据说他们是王羲之的后代，他的祖父王言为琅琊王氏武林支系第15世孙一样，祖辈先德的尊荣并没有给他们带来额外的财富，反而，更像是一种精神上的自我约束、自我提升，变成了身份和信仰尊严的一种传承自觉。

这种尊严，就是我们还可以看见的君子的表情。

曾经有人问我：纪录片《西泠印社》讲的是怎样的故事。

我说，《西泠印社》讲的是115年前一群杭州城年轻人的事。

清光绪三十年，公元1904年，丁辅之以丁家捐资兴建的孤山人倚楼为聚友之地，"四君子"及诸金石好友以"保存金石，研究印学"为要旨创立西泠印社。创社时丁辅之25岁，王福庵24岁，"四君子"中年岁最长的吴隐和叶铭也不过是30多岁的年纪。印章始于先秦，文人印盛于明清。金石学源在北宋，兴于明清，清末民初，借由考古学的兴起而臻于鼎盛。所以，于时人而言，金石学是既古老又年轻的学问，最经典也是最前沿的学问。而关于金石学与印人之关系，马衡先生有一个著名论断："故金石家不必为刻印家，而刻印家必出于金石家，此所以刻印家往往被称为金石家也。""四君子"和他们的好朋友，19世纪末期杭州城里的一群年轻人，作为既是金石家又是刻印家的一群杭州年轻人，他们在金石世界里发现了什么？

1894年，甲午海战北洋水师溃败，宣告了洋务运动的失败，大清王朝加速崩塌。“四君子”的孤山故事就在这样的大背景下不徐不疾地展开了。

在金石铭文和甲骨间，这批年轻人的目光触及到了中国文字最早的源头，他们应该发现了中华文化最核心的密码，那里保留着我们民族最初的记忆，保留着先民与天地宇宙万物对话的信息。这正是我们有别于其他民族的文化的基因。

“四君子”就是这样的年轻人 ，这样的发现让他们很自信，内心充实而自信。

孤山的故事很多，湖山之间的孤山故事总是很梦幻很瑰丽，“四君子”的孤山故事则很真实又很传奇。他们的故事也充满了各种荆棘坎坷、山重水复，最初的几十年以及后来，西泠印社几遭灭顶之灾又几回逢凶化吉、柳暗花明，但是他们不随波逐流，不为名利所动，无惧雨雪冷霜，不惊荣辱得失，静观风云舒卷，那正是我们在照片里读到的淡泊从容。

君子的表情，会不会就是这种泰山崩于前不动声色的表情。

子在川上曰，一切终将离开。

幸运的是，在致敬西泠印社创社115年的时候，我们还可以看见杭嘉湖道员李辅耀手书的第一份“西泠印社同志”十三人名单，我们还可以看见同为印社奠基人的叶为铭先生事无巨细运维社务的点滴记录，我们还可以看见创社第一个十年的旧照片上那些生动的君子表情。在很长一段时间里，我们曾经期望通过书写保留一份记忆，有时候，我们会觉得篆刻也许可以成为比书写更永恒的铭记。当然，我们也总期待，有没有一种存在，超越书写，超越铭刻，超越有形的记录，终化成一种无形的精神的自觉传承。

观乐楼碑文上说，吴昌硕、丁辅之、王福庵、叶为铭、吴石潜和他的同志们，原来也期待过这种君子风范“传之久远，无俾失坠”，无论四时流转、世事无常，总能保持着一种有尊严的姿态。

现在，在孤山路31号，我们能不能还记得这个百年前的期待？

2018年秋天，为筹备115年社庆典礼，西泠印社文物处对孤山社址进行外部清理。在观乐楼前，他们发现了长期掩埋于草丛与藤蔓间的俞樾先生手书的“文泉”摩崖石刻。

那是一个比“四君子”的孤山故事更久远的一个记载。清同治六年（1867），俞樾应浙江巡抚马新贻邀请来杭州主持诂经精舍。数年后，俞樾的弟子集资购地于孤山之阳另筑俞楼。楼成三年，1881 年夏，俞樾与弟子们直上孤山之巅探胜，见一池，“南北可七八丈，东西可三丈”。因池在文交亭之上，于是命名为“文泉”。俞樾欣然书之并题跋：“孤山之上，有此大池，《西湖志》未载。盖知者鲜矣，不可不筑以张之。因其下有赵人张奇逢所书‘斯文在兹’四字，因名之曰文泉。”

2018 年 11 月 3 日，在纪录片《孤山路 31 号》开播前十天，我们在观乐楼前、华严经塔下组织了一场拍摄。剧组邀请西泠印社最年轻的社员、中国美术学院教师冯立为摩崖石刻拓印并重新描写文泉。

深秋余晖，光影斑斓，冯立老师神情肃穆，他一笔一画地在石壁上端正描摹：

……斯文在兹。

2019 年 5 月 12 日

许继锋于杭州良渚友竹居

目录

記

湖山，金石，融合着与天地相通的渴求，融合着文化历史，融合着家国春秋。无论是乾隆这样的君主，还是江南文士，出世与入世，是中国文人心中反复碰撞着的命运主题。江南的诗书翰墨，文人士大夫的情怀，都由小小方寸印章，落到实处。湖山之间，从古至今，无数幽思的心，都在这样的纠结之中，为他们心中的理想世界，担下历史的重负。

丁如霞，旅日华人，祖籍浙江杭州。西泠印社创始人之一丁辅之孙女、另一创始人吴隐外孙女。1987年东渡日本，先后于横滨国立大学、早稻田大学任客员研究员。

引子 丁如霞回到孤山。

丁如霞走进西泠印社大门。她用手轻抚石刻，拾级而上，将鲜花献在华严经塔前。

字幕 杭州孤山，西泠印社。

2018年10月16日，重阳节。

丁如霞，72岁，现定居日本。

西泠印社创始人丁辅之的孙女，西泠印社创始人吴隐的外孙女。

丁如霞同期声 “王福庵先生比我祖父（丁辅之）小一岁，我外祖父（吴隐）是跟叶铭（一起学篆刻的）。四个创始人都是同一印人在那个里面一起干活成长大的。”

出本集片名——“湖山记”

丁如霞缅怀先人

西泠印社

这里曾是一片海湾。那是四千多年的大地记忆。钱塘江水东流入海，泥沙俱下，将两个岬角连成沙洲，隔出一方湖。它将成为中国文化史上最负盛名的湖——西湖。

海水退去，留下一座孤岛，岛上一座小山，人们叫它孤山，孤独的山。

孤山鸟瞰

孤山、西湖，仿佛海市蜃楼

走入孤山，亭台，流水，绿树，鸟鸣，精致中仿佛隐藏着许多秘密。

孤山不高，海拔只有 38 米；孤山不大，方圆不过 20 万平方米。你可以说，它是西湖边最小的一座山，却也可以说，它是西湖上最大的一块石头。

湖畔晨景

清行宫

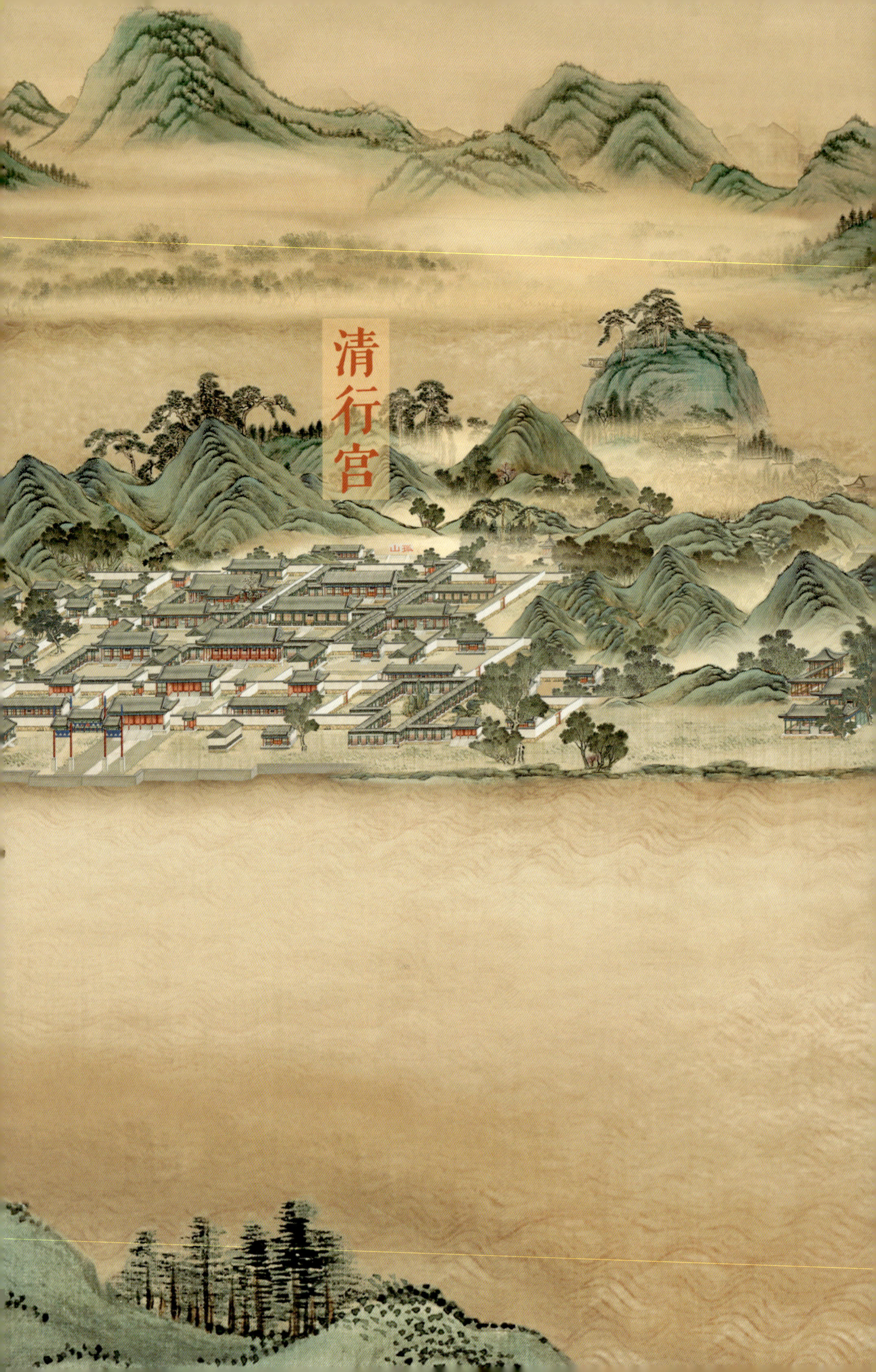

孤山清行宫全景（复原图）

此刻，你巡游你的王国，为了洞悉这世上所有的秘密。

孤山清行宫是清代多位帝王南巡杭州居住西湖之地，始建于清康熙四十四年（1705），见证了“西湖十景”由“康熙钦定、乾隆题词”的史实。孤山行宫坐北朝南，南部临湖，为建筑群，北部为借孤山地形建造的后苑。建筑群和园林格局基本保存，包括院墙墙基、头宫门、垂花门、楠木寝宫、鹫香庭和玉兰馆遗址等。后苑现存“行宫八景”部分园林遗迹，有鹫香庭、玉兰馆、戏台、贮月泉、领要阁、御碑亭、绿云径、四照亭等。

孤山清行宫全景（复原图）

王羲之《快雪时晴帖》是一件行楷书短简。明代鉴赏家詹景凤说，此迹笔法圆劲古雅，意态闲逸，多圆钝用笔，点画钩挑都不露锋，结体平稳匀称，于优美的姿态中流露出质朴内敛意韵。乾隆极珍爱此帖，誉之“天下无双，古今鲜对”。乾隆十一年（1746），他将此帖与王献之的《中秋帖》、王珣的《伯远帖》藏于养心殿西暖阁书斋中，并易斋名为“三希堂”。此帖现藏台北故宫博物院。

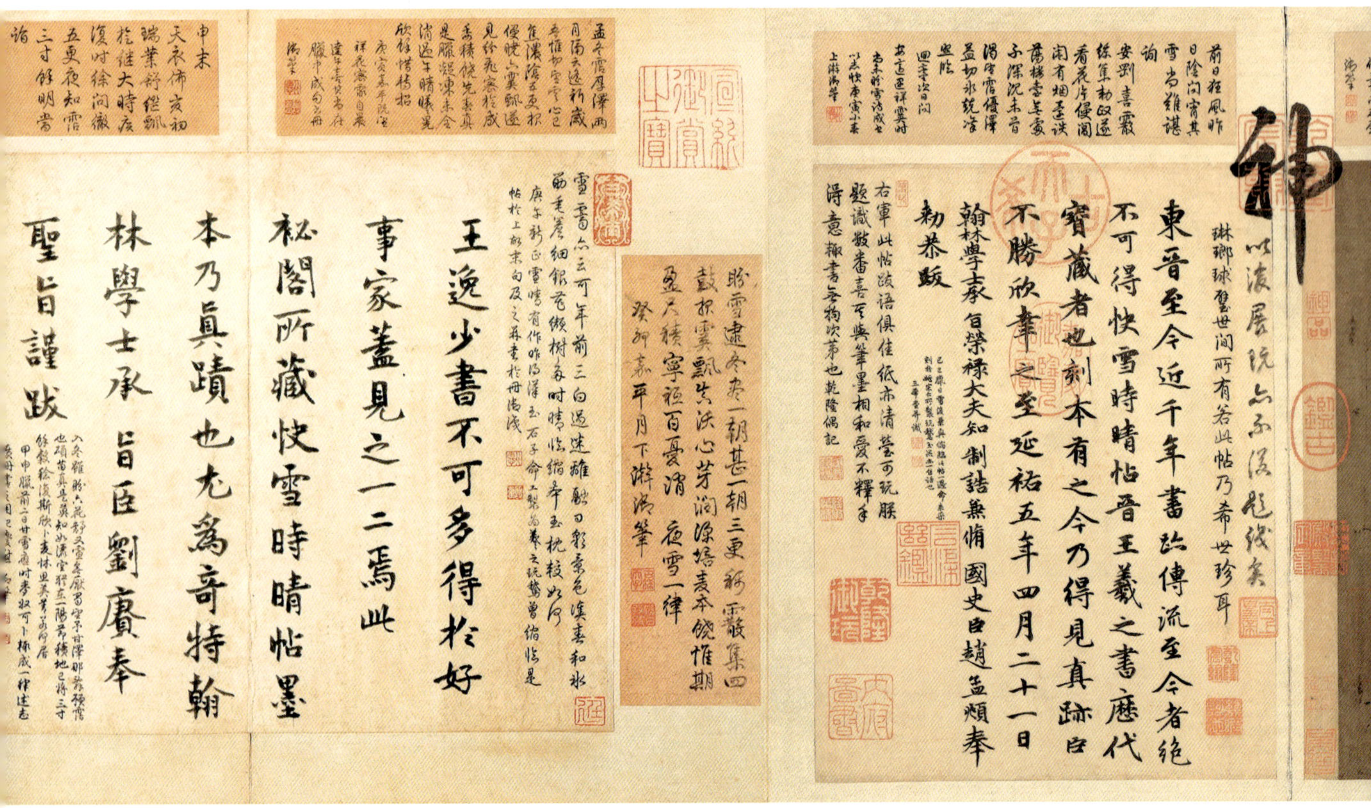

清行宫复原场景

乾隆孤山行迹

你一生六次行过那锦绣江南，与半山烟雨相逢，并沉醉其中。

乾隆与王羲之《快雪时晴帖》

江南，还有你景仰的王羲之。

你题写这个巨大的“神”字，是希望表达怎样一种景仰？亦或者拥有？

王羲之原本不过148厘米宽，28字的原帖，将被你增宽近四倍。你最终将272枚你的印章布满了这幅《快雪时晴帖》。

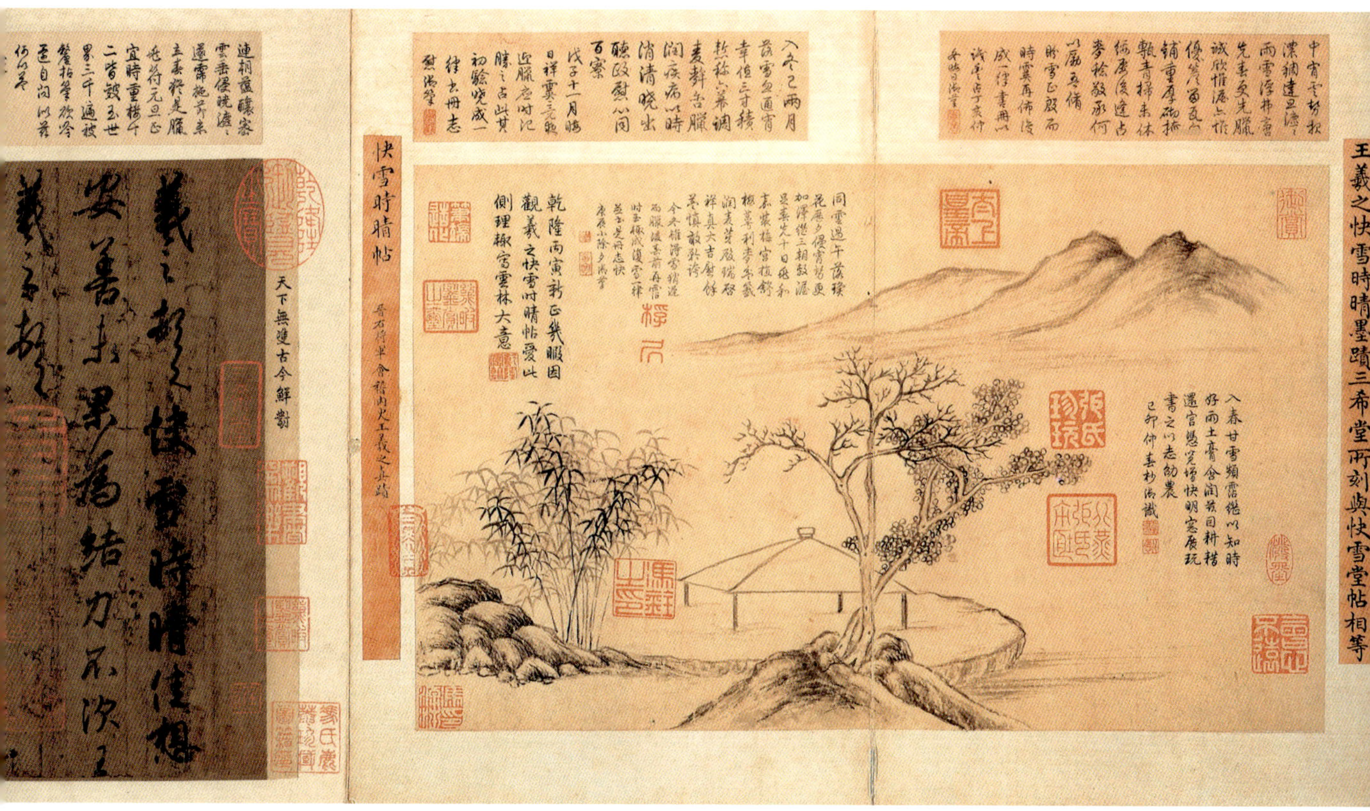

王羲之《快雪时晴帖》

西湖天下景

文澜阁旧影

中山公园

文澜阁旧影

你把孤山行宫内的藏书楼，改建成了文澜阁。你大概是期望自己所尊崇的文化典籍在江南广布流传。

清行宫遗址平台/乾隆与白鹤
乾隆步下遗址石阶，有鹤掠过……

你说自己是一个书生，但你是脱不下这身龙袍的。

文澜阁在杭州西湖孤山南麓，浙江省博物馆内。初建于清乾隆四十七年（1782），为珍藏《四库全书》而建的七大藏书阁之一，也是江南“三阁”的唯一幸存。文澜阁由杭州圣因寺玉兰堂改建而成，改建的各项工费均由浙江商人捐办。文澜阁《四库全书》历经沧桑，是中国乃至世界藏书史上的奇迹。2001年6月25日，文澜阁被国务院批准列入第五批中国重点文物保护单位名录。

中山公園

孤山

孤山旧影

清行宫今昔场景

字幕 孤山，唐宋时筑有孤山寺，白居易、苏东坡等留有诸多著名辞章。清康熙、乾隆南巡杭州，于1705年始建行宫，现址为中山公园。

今天，这里坐落着中山公园。中山，孙文的名号，那个唤起中华力量，推翻你王朝的灵魂人物。山水之间，竟有这样微妙的迭代关系。

红外影像 清行宫 领要阁遗址/清行宫 御码头遗址

而孤山，它依然是那个谜一样的存在。词人和金石家们用笔墨与印章所描摹无数次的那个西湖，又将继续孕育怎样的传奇？

光華復旦

清末西泠桥（复原图）

雪落西泠/四季更迭，从冬到夏

1904 年夏，江南盛夏时节，没人愿在这种天气出门赴约。

或许，比溽暑更煎熬人的，是时代。这个世纪之交，时局已大不相同。效仿明治维新，富国强兵，或者实业救国，似乎才是有识之士的正途。

孤山雪景（复原图）

“西泠八家”是指丁敬、蒋仁、黄易、奚冈、陈豫钟、陈鸿寿、赵之琛、钱松。其风格被称为“浙派”，是清代以杭州为中心的篆刻流派。“西泠八家”虽称“浙派”，但其辐射远不限于浙江一隅，对中国篆刻史影响深远。其治印宗汉法，常参以隶意，讲究刀法，善用切刀表达笔意。方中有圆，苍劲质朴，古拙浑厚，别具面目。

创社四君子（再现）

而孤山南麓，数峰阁里，却有四位年轻人，仿佛对这一切不闻不问。

丁辅之和叶为铭相约来到人倚楼拓制《西泠八家印谱》，而王福庵就在附近的钱塘县学堂教书。最晚加入的吴隐，通常要从上海赶过来。

丁辅之当年二十五岁。正是他的祖父兄弟二人，在文澜阁损毁二十年后，主持了它的重建，并历尽艰难修补起《四库全书》，送入新的文澜阁中收藏。也因此，以丁氏家族为中心，江南文士纷纷汇聚而来，赏印，编辑印谱。

丁辅之（1879—1949），篆刻家、书画家。西泠印社创始人之一。原名仁友，后改名仁，字辅之，号鹤庐，又号守寒巢主。浙江杭州人，系晚清著名藏书家“八千卷楼主人”丁松生从孙。家以藏书之丰闻名海内。嗜甲骨文，尝以甲骨文撰书楹联编成册。又喜篆刻，名印金石，代有收罗，尤以西泠八家印作为多。并擅画花卉瓜果，极其璀璨芳菲。幼承家学。一度同王禔供职于沪杭铁路局，公务之暇，探讨金石书画。

剑胆琴心

丁辅之旧影

丁辅之自幼就在这孤山一侧得受熏陶。从诗歌，到书画，他的兴趣又继而延伸到印章。

丁辅之“剑胆琴心”印

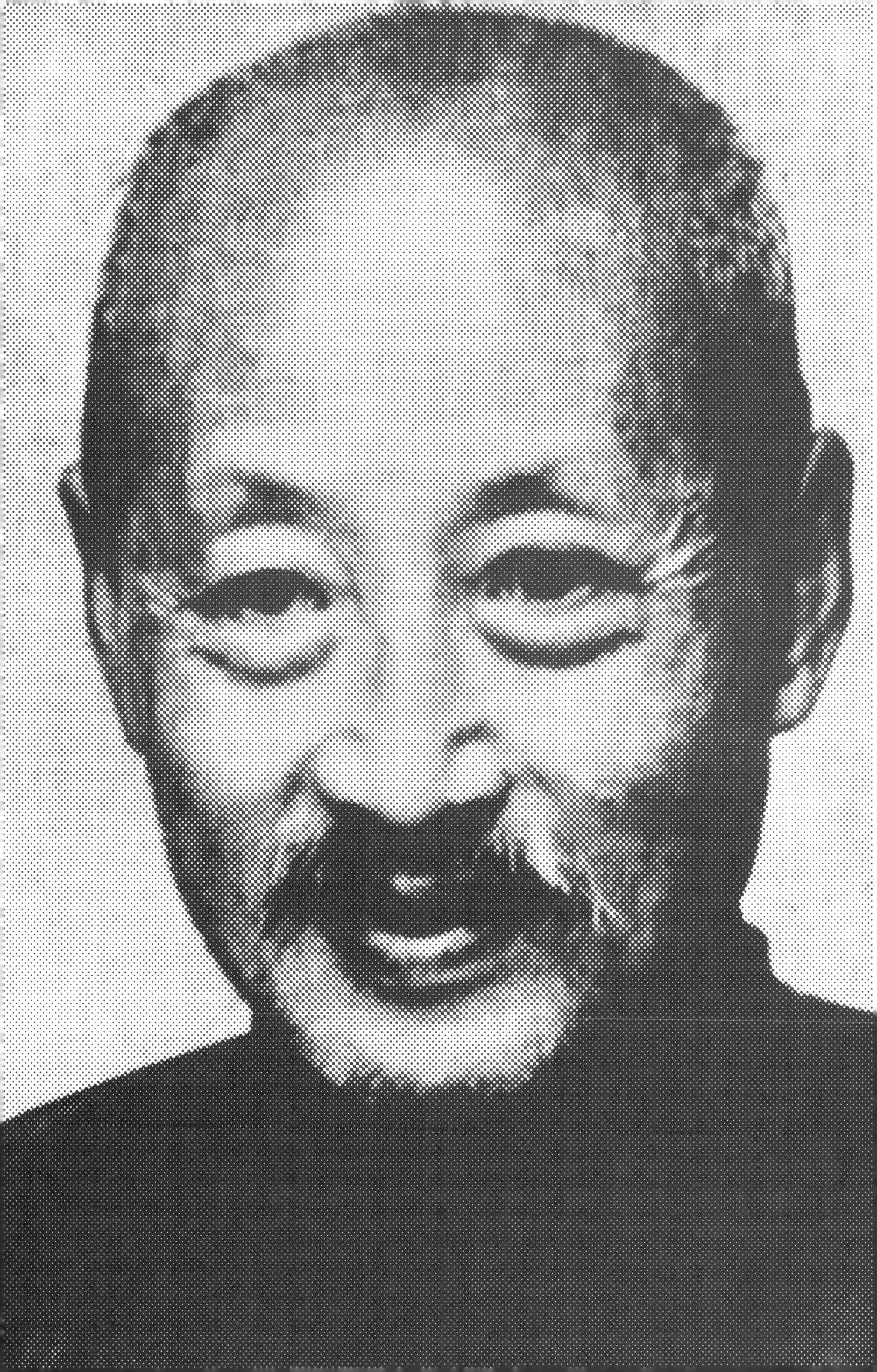

王福庵（1880—1960），书法篆刻家，西泠印社创始人之一。原名禔、寿祺，字维季，号福庵，以号行，别号印奴、印佣，别署屈瓠、罗刹江民，七十岁后称持默老人，斋名麋研斋。浙江杭州人。精篆刻，书法工篆、隶。得吴昌硕等大家赞赏，另辟蹊径，专工小篆与金文。所书小篆工整规范，秀美遒劲。所篆《说文部首》、《说文作篆通假》为学篆范本。

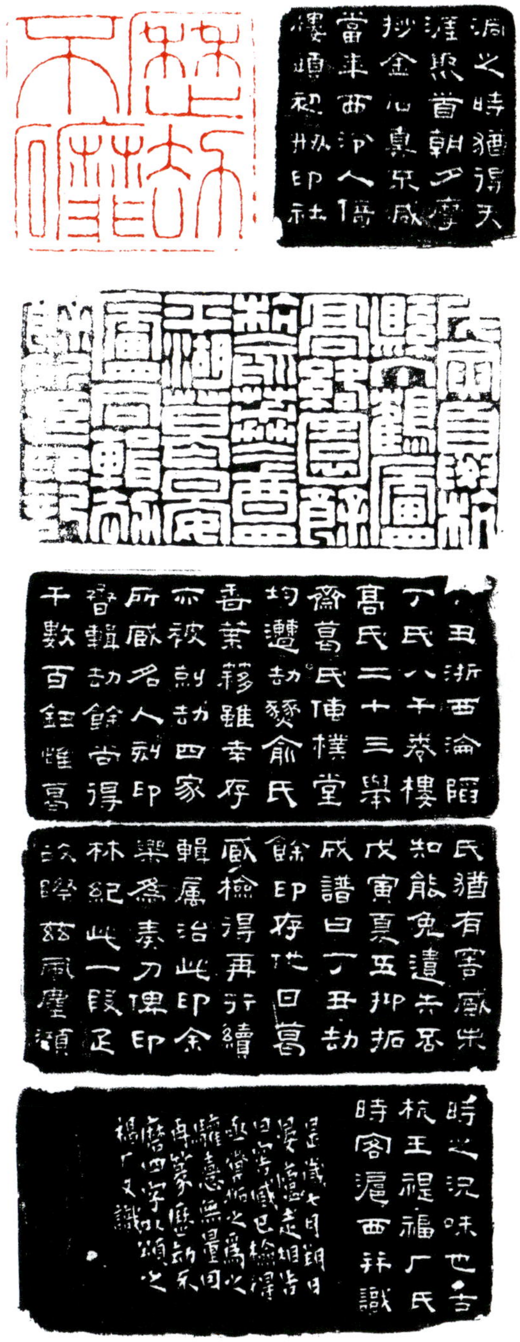

历劫不磨

王福庵旧影

王福庵时年二十四岁，痴迷于印章，王羲之是他的先祖。此后一生，他将刻印三万多方。身在俗世，他却无比单纯，仿佛来自古时的山中。四人中，他终将成为最负盛名的艺坛领袖。

王福庵“历劫不磨”印

叶为铭（1866—1948），书法篆刻家，西泠印社创始人之一。字品三，号叶舟。原籍安徽徽州，世居浙江杭州。博学多识，善刻石、拓碑，精金石考据。篆刻师法浙派，宗法秦汉，以平直朴茂为时所重。著有《广印人传》《金石家传略》《叶氏印谱存目》《歙县金石志》《列仙印玩》等。

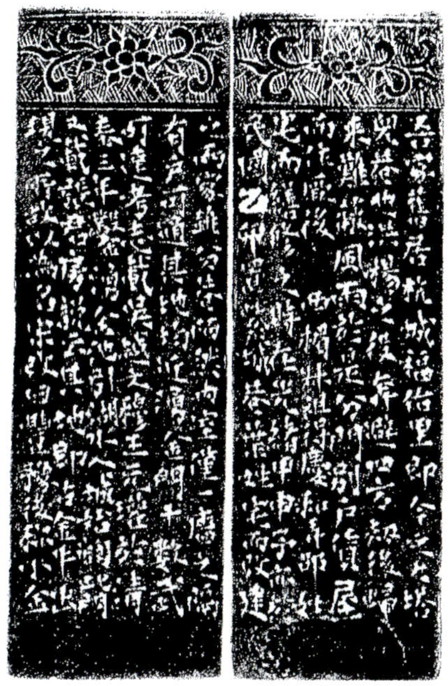

家近涌金门

叶为铭旧影

叶为铭，三十七岁。极强的自律个性，将帮助他日后成为温润而缜密的事务组织者和资料整理专家，掌握西泠印社的实际事务营运。

叶为铭“家近涌金门”印

吴隐（1867—1922），篆刻家、文化企业家，西泠印社创始人之一。原名金培，字石泉、石潜，号潜泉，又号遯盦，今作遁盦。斋称纂籀簃、松竹堂。浙江绍兴人，客居杭州。习镌碑版，擅刻印，治六书甚勤。篆刻模汉宗浙（派）。书工篆、隶。善制印泥，精心研制“潜泉印泥”，后在沪经营书画篆刻用品，整理出版印谱、印论。另在社址营建遯盦、还朴精庐等建筑。

怕你不雕虫

吴隐旧影

吴隐，也是三十七岁，善拓砚，同样以刻碑出名。而更为人称道的是他的经济头脑。日后，从上海，到杭州，他将以打造江南文化经济品牌的卓越能力，呼风唤雨。

吴隐“怕你不雕虫”印

初时的数峰阁是一座小祠庙，又名表忠祠，在六一泉旁，用以祭祀倪元璐等六位明亡后以身殉国的浙江名儒。阁名取自唐代诗人钱起诗句“曲终人不见，江上数峰青”之“数峰”二字，以志怀忠不见之意。明清两朝，数峰阁的文脉曲线跌宕云涌，三百年里几度兴废。清光绪三年（1877）春，丁申、丁丙主持重修数峰阁。重建后的数峰阁人气旺火，人文活跃，是一处杭城名流与文人聚会的重要场所。今仅存遗址。

孤山数峰阁（已损毁）

当时的数峰阁，实际是文人雅士聚会的地方，他们不惧寒暑在那里讨论印章，造就西湖一景。纵然外面依旧乱世，心中却珍藏这一方净土。谁能料想是小小印章让这四位个性不同，而各有专长的人结下一段长久缘分。

孤山数峰阁场景复原

題襟

秦“立义尉印”
汉“假司马印”

印章，古老的中国符号。不管身份为何，人们习惯通过印章声明所有权。印章大批量出现是在战国时期，它们成为证明当权者权益的法物。秦始皇统一中国，皇帝所用的印章开始被专称“玺”，而官、私所用的均改称“印”。到汉代，官印开始有“章”及“印章”的叫法。人们在印章上面雕钮，便于佩戴，需要时，落印为信。于是，印章成了士大夫随身佩戴的诚信标志，此后传袭。江南的诗书翰墨，文人士大夫的情怀，都由小小方寸印章，落到实处。

秦“立义尉印”

汉“假司马印”

题襟馆

华严经塔

孤山雨景

彼时，他们都年轻。

那个时代，一切似乎都在被颠覆，一切，又都充满着不确定。西泠桥畔的相聚，他们谈的是金石篆刻，古今印谱。当时人热衷于在西方寻求答案的时候，孤山上的这些年轻人却在中华文化的源头寻找自信。这样的逆潮流而动，怎能不令人疑惑？

有人早已追问这个泱泱大国的数千年的思想根基是否牢靠，而创社诸君，却拾起对古代荣光的追溯。矛盾吗？

红外影像 西泠印社前山石坊、题襟馆等

未必。他们曾在《史记》中诵读“四维不张，国乃灭亡”的民族尊严，也曾在唐诗里念想着“云横秦岭家何在”的永恒乡愁。他们仰望星空，追思上古的金石之光，追思汉唐盛世，或者追思魏晋名士的癫狂。

他们以古时的篆刻大家为精神引领，特别以浙派篆刻，作为自己天然的归属。

雷雨孤山

前山石坊

丁敬（1695—1765），清代书画家、篆刻家。字敬身，号钝丁、砚林，别号龙泓山人、孤云、石叟、梅农、清梦生、玩茶翁、玩茶叟、砚林外史、胜怠老人、孤云石叟、独游杖者等。杭州府钱塘县人。乾隆初年举鸿博不就，卖酒街市。嗜好金石文字，工诗善画，所画梅笔意苍秀。尤精篆刻，擅长切刀法，为“浙派篆刻”开山鼻祖，“西泠八家”之首。著有《武林金石记》《砚林诗集》《砚林印存》《寿寿初稿》等。

烟云供养

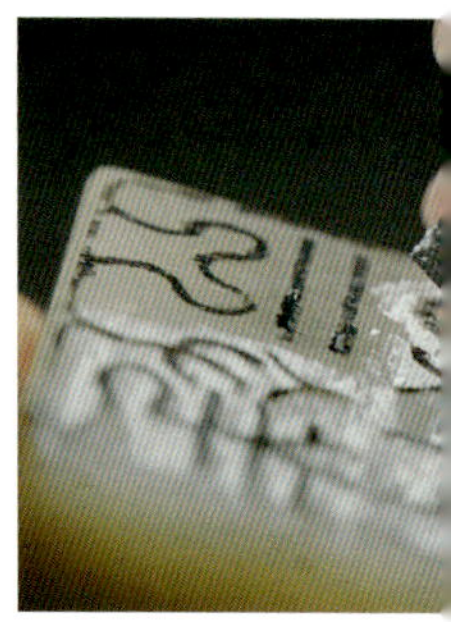

丁敬 宝所

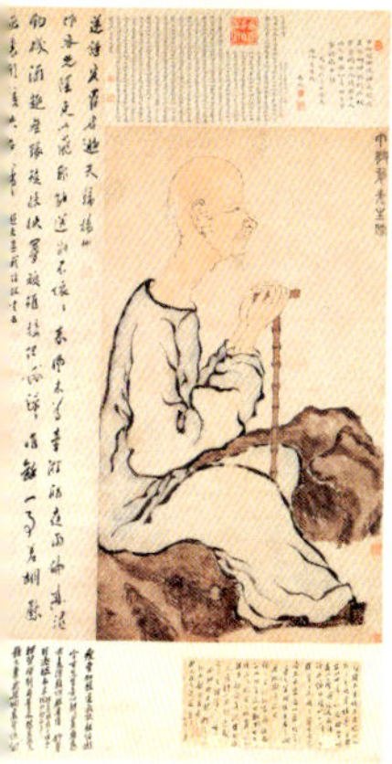
罗聘绘《丁敬像》

清　罗聘绘《丁敬像》/丁敬“烟云供养”印

其中就包括这枚传世之作，“烟云供养”印的作者丁敬。

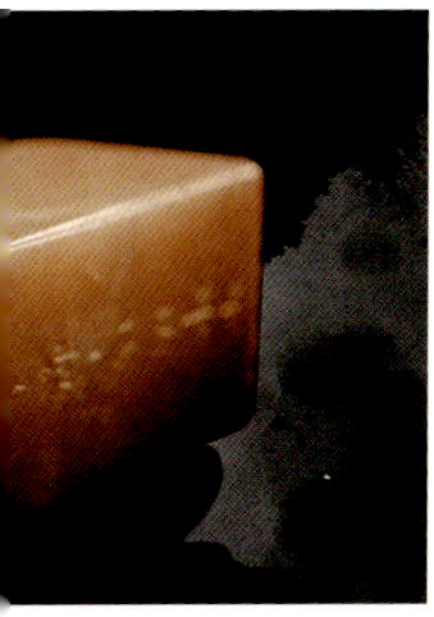

切刀与冲刀手法刻印特写一组

丁敬，这位浙派篆刻大师，后世所称的“西泠八家”之首，凭借以拙为美的切刀闻名于世。那是一种似连非连的脉络刀法，有一种松弛自由的美感，看似法度不严，却有一种无所羁绊的状态。

而他们更懂兼收并蓄的文化要旨。他们所推崇的另一位，是皖派大师邓石如，他曾用流畅的冲刀手法，刻下这枚印章。

邓石如
“江流有声断岸千尺”印

长江的流水发出声响，陡峭的江岸高峻直耸。用的是苏轼《后赤壁赋》的典，说的是淡泊中却不曾褪色的家国情怀。

浙派的刀法竟是与明丽山水完全不同的苍劲凌厉气象。

数年后，丁辅之会刻下“剑胆琴心”印。

刚柔相济，任侠儒雅，既有情致，又有胆识。也许就是少年们心中最真实的写照。

你还能再笃定地相信，他们是对这个世界正在发生的一切不闻不问吗？时间，终将给我们答案。

他们要尽力保存那火种。坐拥湖山，这群声气相投的年轻人，将创造一个未来生长百年的西泠印社。而孤山，就是它的容身之所。

孤山旧影

杭州孤山旧影

丁辅之首先捐出自家数峰阁以西的土地，为西泠印社奠定了最初的物质基础。接下来，每个人都分别拿出积蓄，所凑款项主要用来购地建房。

仰贤亭旧影

孤山仰贤亭旧影

1905 年春天，“仰贤亭”在孤山筑成。亭中，供奉着丁敬等 28 位篆刻大家的雕像。

西泠印社保护碑

西泠印社保护碑

1905 年 11 月，丁仁等人联名上书官府，说明他们集资在孤山南麓购买荒地，建造房舍，结为“西泠印社”。这些建筑都属于私人团体，希望官府能够准予他们结社，对这些私人建筑加以保护。动荡时局中，这一份前所未有的结社申请报告，竟然得到了杭州府和钱塘县两级官府的批文同意。

那时的孤山，大部分山地都归私人所有。那些主人多半名声显赫。

仰贤亭西侧部分用地，恰恰占用了一个大户人家的祠堂。这户主人，竟是清末洋务运动核心人物盛宣怀。这个清末政坛历经浮沉的大人物，盛怒之下，把西泠印社告上法庭。然而当他了解西泠印社的初心之后，不但放弃了诉讼，还把孤山地产大手笔捐赠给西泠印社，用宽容成就了中国文化的另一片天地。

杭縣知事諭　為

案據西泠印社社員丁仁吳隱等呈稱竊西湖孤山之陽蔣公□豐祠遺址前清光緒

時代由吳隱等組織西泠印社事□同業資本□批准許可在案在組合

之初即為保存國粹研精美術起見其擇地建屋以柏堂竹閣之北數峰閣之西

於孤山麓有隙地一方向係野竹叢生因闢建屋四間是為建設印社之基並石刻

先哲丁敬□像以符集社之本旨今年民國新造凡屬私人財產業奉

大總統通令一律保護又府公布守文臨時省議會議決存留理合呈請保護等情到

縣除批准予出示外為此諭仰□人等知悉此項社屋既屬私人所創辦為□□

亦□□有無知鄉愚任意損害准其隨時送究嚴懲不貸切切特示

中華民國元年七月　□　給

發西泠印社實貼

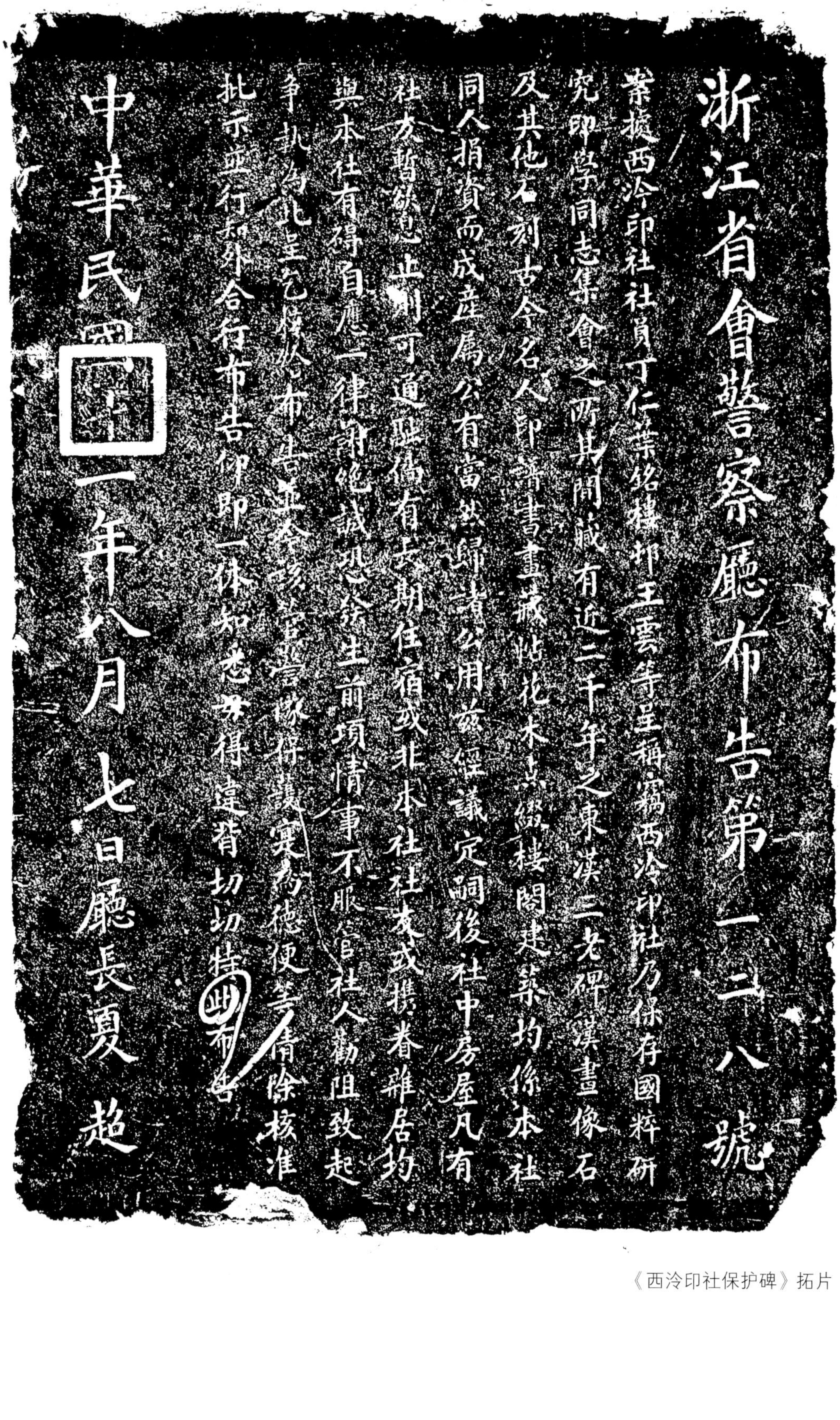
浙江省會警察廳布告第一二八號
案據西泠印社社員丁仁葉銘褆抑王雲等呈稱竊西泠印社乃保存國粹研
究印學同志集會之所其間藏有近二千年之東漢三老碑漢畫像石
及其他石刻古今名人印譜書畫藏帖花木點綴樓閣建築均係本社
同人捐資而成產屬公有當然歸諸公用兹經議定嗣後社中房屋凡有
社友暫欲息止則可通融借有長期住宿或非本社社友或携眷雜居均
與本社有碍自應一律謝絕誠恐發生前項情事不服官社人勸阻致起
爭執為此呈乞俯給布告並令該管警署保護實為德便等情除核准
批示並行知外合行布告仰即一体知悉毋得違背切切特此布告
中華民國十一年八月七日廳長夏超

《西泠印社保护碑》拓片

西泠印社仰贤亭内正中一桌一凳，石质。石桌边刻篆书铭文：龙泓印学开南宗，一镫（灯）相续传无穷。二篆八分校异同，和神如坐春风中。款识为：宣统二年（1910）七月，西泠印社丁仁铭、王寿祺篆、叶铭监造、吴隐刻石。这是西泠印社唯一由创社四英共同完成的作品，实为罕见。

仰贤亭　石桌

汉白玉石桌

（款识：宣统二年七月，西泠印社丁仁铭，王寿祺篆，叶铭监造，吴隐刻石）

亭中石桌上的款识，四人名字都在其中，它也是唯一一件由创社的四位年轻人合作的作品。

这以后，四位西泠印社创始人，将用近十年时间去维系一种优雅的传统。四人虽无社长之名而有社长之实。但一到推名义时，四位却又都互相谦让，谁也不肯出掌西泠印社，诚意等待更为合适的人选。

清明时节，他们将按时在孤山上组织雅集，景仰古代印人；秋季时，他们踏青登高，咏古怀今。

印宗

丁仁、王禔与长尾甲(日本)及其友人留影

丁仁、王禔与友人雅集旧影/西泠印社早期社员合影

孤山上的雅集，却固定每年春秋二度，维持着不动声色的壮观。在这江南，这独立的精神王国，他们将坚定地继续担当起王国的主人。

1913年西泠印社十周年雅集旧影

在清末民初崇尚西学的时代大潮映衬下，西泠印社人以篆刻为立身之本。他们推崇的“印宗秦汉”恰恰追溯的是中国文化的源头，这是何等的文化自信？四君子的守望，终成跨越一个世纪的传奇。

2018年4月21日　孤山　西泠印社春季雅集

西泠印社副社长陈振濂同期声　“参加今天春季雅集的有近百位西泠印社的理事、社员、社友、被审批为新社员的很多的新同道。本次雅集主要包括三项内容：第一是拜祭印学前贤……”

西泠印社建社至今已举办180多次雅集

1913 年西泠印社十周年雅集

1923 年西泠印社早期社员合影

西泠印社戊

2018 年 4 月 21 日西泠印社春季雅集

右起：高时敷　高野侯　王福庵
丁辅之　葛昌楹　俞人萃

绍兴　兰亭

绍兴兰亭

我们必须提到中国历史上那个著名的雅集。公元353年，永和九年，浙江会稽郡山阴城的兰亭里，王羲之趁着酒兴，一气呵成《兰亭集序》。而这个故事中少有人知的是，永和九年的那夜天空中，悬挂着一轮红月。

红外影像　兰亭

一年后，王羲之辞官而去，悄悄归隐。

也许可以这么说，入山与入世，对中国文人来说，从来不是一个二选一的题目那么简单。湖山之间，江山之鉴，从古至今，无数幽思的心，都在这样的纠结之中，为他们心中的理想世界，担下历史的重负。

孤山红月

2018年7月28日　孤山红月

2018 年 7 月 28 日，戊戌六月十六日。西湖的夜空中，再次升起一轮红月。

这个红月之夜，孤山仿佛意欲起航，去那深远宽广的大洋中，寻找它的答案。但是当然，亘古以来，它其实从未远离过这湖，这连绵群山，这家国大地。

无论如何，你既然聆听过它的故事，我知道，它从来不曾孤独。

一轮红月从空中浸入西湖

記

草木

孤山上，天地间，自有其独特的生态系统。而百年之间，西泠印社同时在其间营造起独特的文化生态。悠游历史，仿佛有老灵魂俯瞰世间，读以下这些文字，就像你自己就是那个老灵魂。无论草，木，鱼，蚁，还是白鹤，和远去的人，都有怀念在胸永不消散，怀念别人的人自己也成为被怀念的对象。千百年后，回忆者及被回忆者都将逝去，古墓也变成花园。生命轮回，生长不息。

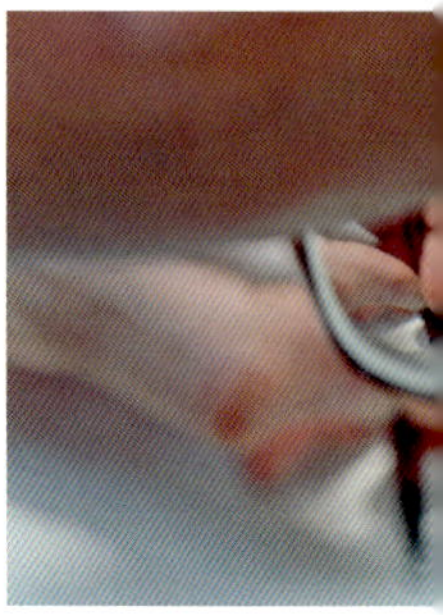

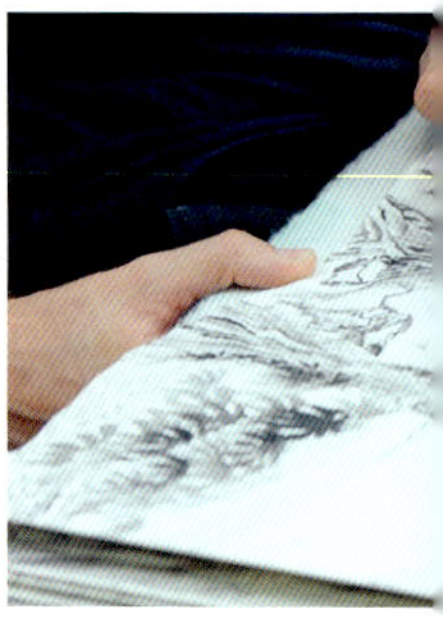

易柏霖，广西艺术学院加拿大国际留学生，英文名 Claudio Daniele Lucchi，1987 年出生于德国，在意大利和加拿大度过童年。高中毕业后，他用四年积蓄，远渡重洋来到中国，就读于广西艺术学院美术本科专业（国画方向），现为广西艺术学院中国画学院中国画（山水方向）硕士 2016 级研究生。

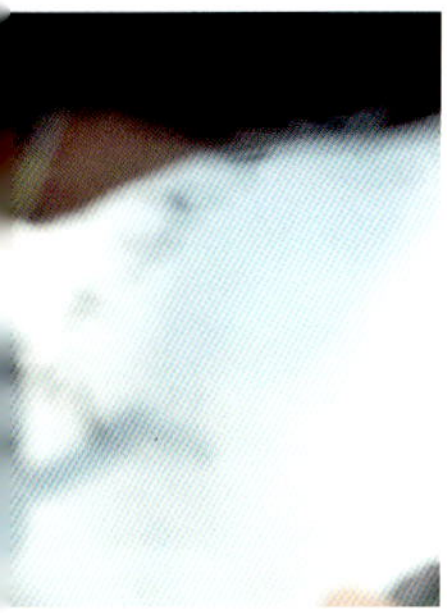

易柏霖在孤山

易柏霖作画

引子 外国友人易柏霖在孤山作画。

字幕 2018年9月1日，杭州。
易柏霖，31岁，加拿大籍德裔画家。

易柏霖同期声 “我的中文名叫易柏霖，我1987年生于德国慕尼黑市，2012年是第一次来到中国，读中国画山水专业。孤山的每一个小细节每一个角落就是山水画，我的状态就是能在孤山待多久就待多久，待得越久越好，慢慢吸收孤山的精神。在创作中对生命对宇宙对人类的一些思考，这个是中国传统的一个表达方式，它更加是一个哲学与思维的表达方式。”

出本集片名——“草木记”

水中的锦鲤
俞樾放锦鲤入文泉

那时，我是一条锦鲤。在我目送他们远去之前，他们中间领头那位先生，用毛笔书写下“文泉”两字。也是他，亲手把我放入这池碧水。在你的年历里，那是1885年。

日后，那两个字将被刻在池塘北侧的石坡之上。看到这泉，他也许会回忆起少年时曾看见白鹤掠过。

人们称这山为孤山，称这山水将接的渡口为西泠。从前，这山脚下水波里，是一座野渡。烟霞孤云，过客往来无踪。

西泠印社四照阁

四照阁今昔

我曾看过这山的南麓之巅，宋初修的四照阁颓为废墟。我又见明代天顺年间，人们于废墟之上修建起仰贤亭。我经历一个又一个寒暑，一个又一个飘摇的时代。营造，抑或损毁，仿佛生命循环往复。

潜流与水草间，游走的锦鲤

参差的水草，掠过我的鳞甲。它们的根系伸向山间潜流的岸边。我知道我应该顺流而下，但我不知道我在等待的是另一个池塘，或者是一个湖，又或者是大海？

我想我闻到了海水的气息，在这你们称作西湖的地方。

西湖残荷掠影

杭州西湖残荷

这湖水今天是如此平静，平静得仿佛顺理成章。但我已学会用另外一种心态，观察平静。

孤山一片荒芜

在水中，我曾见过一片残荷。我知道你会在历史书找到答案。

1861 年到 1864 年，太平天国二进杭州，火烧了孤山。始建于宋代的四照阁的瓦砾又一次同泥土混在一起。

杭州孤山旧影

那时的孤山南麓，树木稀疏，青翠难返。

青苔间爬行的蚂蚁

有时，我觉得我随着水草的根系，慢慢上了岸。我想我其实变成了蚂蚁。我和我的同伴们在稀疏杂草的茎叶间不知疲倦地飞奔。我想，我已忘记时日慢慢流过。

“文泉”那两个字，终将在青苔掩盖之下，不知所踪。

光影流转下的各种孤山石刻文字

但这山，这石，这样的文字，已然令我充满好奇。

陈豪《西泠印社图》1906 年

吴隐与友人旧影

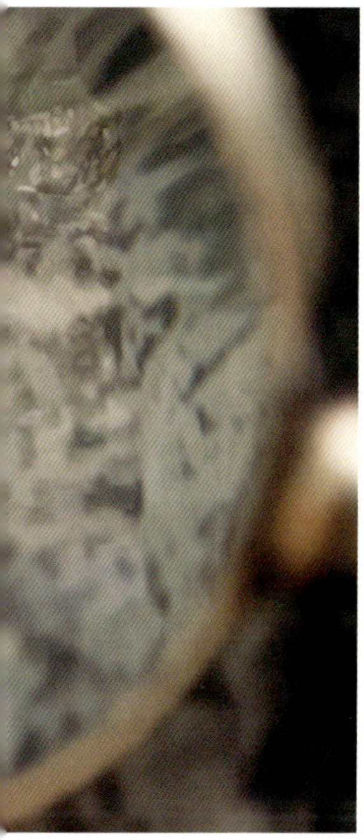

数峰阁残碑

贞石亭旧影

字幕 与火带来的毁灭相比，孤山的复苏是缓慢的……

四君子雅集

西泠印社贞石亭旧影

我曾无数次看见文人雅士在这里结社雅集，但是我无法预料，会有四个年轻人，从此改变孤山的面貌。他们交流那些刻下文字的石头，而文字，还将被拓印成谱，他们将成立一个社团，取名为“西泠印社”。那是1904年。

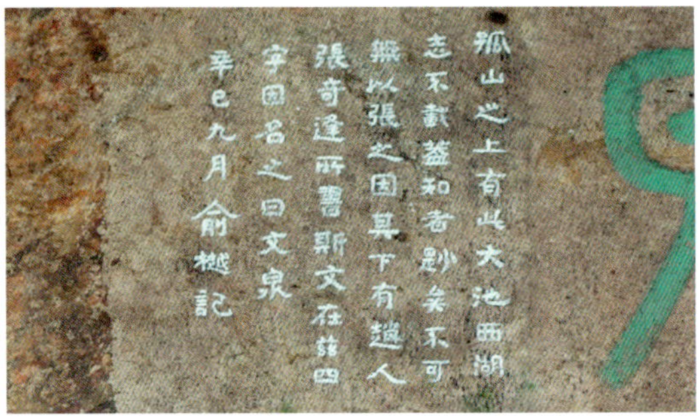
孤山之上有此大池西湖
志不載益知者尠矣不可
無以張之因其下有逸人
張奇逢所書斯文在兹四
字因名之曰文泉
辛巳九月俞樾記

佛

西泠摩崖石刻

林逋（967—1028），字君复，人称和靖先生，奉化大里黄贤村人。北宋隐逸诗人。书载性孤高自好，喜恬淡，勿趋荣利。曾漫游江淮间，后隐居杭州西湖，结庐孤山。常驾小舟遍游西湖诸寺庙，与高僧诗友相往还。每逢客至，叫门童子纵鹤放飞，林逋见鹤必棹舟归来。作诗随就随弃，从不留存。天圣六年（1028）卒。宋仁宗赐谥“和靖先生”。林逋终生不仕不娶，惟喜植梅养鹤，自谓“以梅为妻，以鹤为子”。

孤山林和靖墓

孤山数峰阁（已损毁）

数峰阁，如今，这里只余青草，但他们的脚印仿佛还在。这样的诗书文字，这些文字幻化的故事，仿佛似曾相识。勾起我沉睡数百年的回忆。

放大镜下的碑刻文字，蚂蚁从青苔爬过

我记得我和我的同伴，曾在脚印浅浅的痕迹中徘徊。脚印会将我们引入一座墓园。

孤山林和靖墓

我见过这个墓园的主人，他是个诗人，后世称他和靖先生。

红外影像 林和靖墓

仰贤亭

仰贤亭今昔

林和靖梅下操琴

那是北宋年间，我不知道他是因为怎样的原因隐居孤山。那时的孤山，草木茂盛。

他种了梅花，并与往来的鹤群遥相对话。人们说他宁愿孤孑一生，梅花就是他的妻子，而鹤是他的孩子。

也许，我其实就是那只鹤吧。那些故事，是他亲口讲给我听的。

仰贤亭旧影与实景

只要这梅花依旧绽放枝头，我就确信，多年后人们将依旧记得他的故事。1905 年时，名叫仰贤的亭台已然伫立，亭侧，梅枝稀疏，却有暗香浮动。

从雪中仰贤亭镜头变幻到孤山西泠印社园林全景，再缩变成西泠印社入口石刻《西泠印社图》

只需再等六七年后，人们相继建造起山川雨露图书室、斯文窦、心心室、石交亭、宝印山房、福连精舍，各有应用的建筑，先后在同一等高线上出现。而山巅之上，依旧在等待光阴慢慢为它填满绿色。

文彭（1498—1573），字寿承，号三桥，南直隶苏州府长洲人，书画家文徵明长子。曾任南京国子监博士。诗文、书画、篆刻均有造诣。对六书有深入研究，主张篆刻必须精通六书，才能入印。曾偶然得到民间雕琢首饰用的灯光石，用于制作印材，从此冻石之名才被世知，并被篆刻家广泛采用，为明、清流派篆刻的发展提供了条件。继承父亲藏书和书画，有藏书处曰“清白堂”，收藏宋元古籍和当代书画作品。藏书印有“渔阳子”“清白堂”。

唐顺之（1507—1560），字应德，一字义修，号荆川。汉族，武进（今属江苏常州）人。明代儒学大师、军事家、散文家、数学家，抗倭英雄。嘉靖八年(1529）会试第一，官翰林编修，后调兵部主事。时倭寇屡犯沿海，唐顺之以兵部郎中督师浙江，曾亲率兵船于崇明大破倭寇。嘉靖三十九年（1560），督师抗倭途中不幸染病，于通州（今南通）去世。崇祯追谥襄文。学者称其为“荆川先生”。

文彭与唐顺之“琴罢倚松玩鹤”场景再现

我看到一棵古松。有人在松下抚琴。我选择留下来，继续听这琴音背后的故事。他叫唐顺之，人们称呼他“荆川先生”。

有人说琴寓意高雅，松代表不屈，鹤象征自由。我想，我愿因为他驻足停留，收起翅膀，来成就他对自由的向往。

文彭“清白堂”印

文彭与唐顺之弹琴畅谈与白鹤飞舞对切画面一组

我还记得那年秋天。他的好友文彭来访。他们饮酒，他们微醺。他们走入庭院，陶醉于诗文歌赋。树影婆娑间，琴声响起。

我是白鹤，生而就会起舞。我俯瞰庭院，那两个知己，轻倚古松，仿佛忘言。

我看到文彭挑选出一块沉雅旧石，刻下六个字，“琴罢倚松玩鹤”。

我知道那天的树影，那天的琴声，连同那天我们的屋子，都将随着这枚印章，长久留存。

那么，让我讲述一个看似无关的故事吧。

西泠印社八十五

清末民国收藏史，平湖葛家“传朴堂”影响甚巨。葛家原居江宁，为避战乱迁至平湖。咸丰年间，葛肇基（1807—1880）靠做木材生意和钱庄生意发家，创立“传朴堂”。在葛家祖孙三代人努力下，传朴堂“积书逾四十万卷”，其中宋代善本、孤本达四千余种，与宁波“天一阁”、南浔“嘉业堂”并称浙江三大藏书楼。传至葛昌楹（1892—1963）和葛昌枌（1897—1951）两兄弟，在“集藏金石，辑梓印谱”的情志下，大力集藏明清名家篆刻精品，一举奠定“传朴堂”在明清篆刻收藏方面无可撼动的地位。

浙江平湖　葛宅旧影

文彭“琴罢倚松玩鹤”印

浙江平湖　葛宅旧影

19 世纪中叶，葛肇基在浙江平湖置地建宅，以 40 万卷的藏书楼传朴堂闻名江南。

抗战战争镜头与传朴堂遗印一组对切

1937 年，平湖遭到日军轰炸，传朴堂化为焦土，只有数百枚印章被从瓦砾堆中捡拾出来。其中，就包括那枚印章“琴罢倚松玩鹤”。

明　文彭“琴罢倚松玩鹤”印

你是否会想起杜甫的名句“国破山河在”？而金石的固守，也仍在。

焦土之中救起的印章，暗藏一种执着。就像我曾听见顺之先生在树下背诵孔子的名句：“天下有道则见，无道则隐。”

俞樾

李鸿章

俞樾（1821—1907），字荫甫，自号曲园居士，浙江德清人，清末著名学者。现代诗人俞平伯的曾祖父。章太炎、吴昌硕皆出其门下。清道光三十年（1850）进士，曾任翰林院编修和河南学政，因御史曹登庸劾奏“试题割裂经义”，被罢官。遂移居苏州，潜心学术40余载。治学博大精深。海内及日本、朝鲜等国求学者甚众，尊为朴学大师。《清史稿》有传。

李鸿章（1823—1901），本名章铜，字渐甫，一字子黻，号少荃，晚号仪叟，别号省心，安徽合肥人。晚清名臣，洋务运动主要领导人，世称“李中堂”。李鸿章是淮军和北洋水师的创始人和统帅，官至东宫三师、文华殿大学士、北洋通商大臣、直隶总督，爵位一等肃毅伯。一生参与了清末一系列重大历史事件，代表清政府签订了《越南条约》《马关条约》《中法简明条约》《辛丑条约》等不平等条约。

而我也会去猜想，这样的句子，是如何影响了清末那位名叫俞樾的年轻人。

俞樾/李鸿章旧影

1850年，他考取了国家的进士，同期一起考取的，还有李鸿章。

京师同文馆旧影

李鸿章以洋务运动推动国家自救，声言“中学为体，西学为用”。功过自待后人评说。而俞樾终将远离官场，潜心学术，向古求索文化自信，成为清末蜚声中外的大学问家。

京师同文馆旧影

章太炎（1869—1936），浙江余杭人。原名学乘，字枚叔，后易名为炳麟。因慕顾绛（顾炎武）为人行事而改名为绛，号太炎。早年又号“膏兰室主人”“刘子骏私淑弟子”等，后自认“民国遗民”。清末民初民主革命家、思想家、著名学者，研究范围涉及小学、历史、哲学、政治等，著述甚丰。

章太炎

吴昌硕

西泠红梅碑

清末湘军将领彭玉麟绘，俞樾、徐花农、马驷良等名家题跋的《西泠红梅碑》，是杭州仅存的一块以梅花命名的碑刻之一。从拓片上看，《西泠红梅碑》上梅树疏密相间，摇曳有声，画面占据了大半块石碑。碑的右侧文字，有“七十二峰樵人雪琴并识”字样以及“彭玉麟印”方块印章。史载彭玉麟曾在西湖营造别墅，小瀛洲独具风貌。此碑现存西泠印社。

孤山　俞曲园纪念馆

西泠红梅碑

章太炎/吴昌硕旧影

从章太炎，到吴昌硕，他的门生，将掀起一个时代的世事风云。

孤山俞曲园纪念馆

1878年，俞樾的弟子们决定在杭州为老师修一座居所。他们将称它为俞楼。

清　彭玉麟绘《西泠红梅碑》

这年十月，工地庭前一棵红梅树提前绽放。此情此景，在来年时，被名匠刻成这梅花碑。

三年后，居所建成。再三年后，大师与门生踏山寻得文泉，并随手放下一尾锦鲤。

于是，我划水而去，作别大师。

那时，我已在这天际飞行了数百年。

我想，我一直在努力去理解那些读书人的心绪。在每一寸草木，每一块石头上，他们都在寻找与这世界对话的机会。有人维新变法，有人则在古代的典籍之中寻找答案。

西泠印社文泉雪景

殊途同归吗？无人知晓。就像依旧无人知晓，世界到底去往何方？

春暖花开，生命萌动

但1910年的孤山，有四个年轻人知道，他们会亲眼见证这孤山南麓的绿色，一点点蔓延。

1913年秋天，不知不觉，西泠印社已经创社十年。

味印亭

四照阁

前山石坊

遁庵

汉三老石室

鸿雪径

题襟馆

还朴精庐

锦带桥

西泠印社　四照阁/题襟馆/遁庵/还朴精庐/味印亭旧影

游人多了起来。1914 年，印社在孤山顶上再建了四照阁。人们有了小憩的所在。依山傍水的西泠印社热闹起来，也吸引了“海上题襟馆金石书画会”的同仁，他们发动募捐修建题襟馆小院。一时名流云集。

1915 年，孤山南麓，落成遁庵、还朴精庐和味印亭。

再五年后，孤山上的营造越发显得精妙了。

小龙泓洞，孤山锦带桥

人们在山顶岩壁上穿洞，取名小龙泓洞，洞前设平台池塘。印社创始人之一的丁辅之，路过西湖白堤的锦带桥，寻到一段废弃石栏，并差人安置在小龙泓洞前，成为孤山上的锦带桥。从此，旧时荒丘，变成微缩的自然景观。

西泠印社　前山石坊/鸿雪径

两年后，靠近白堤的柏堂，竹阁旧址，都划入西泠印社的范围。

1923 年，前山石坊落成，孤山有了山门，就像一个家有了大门，一条小道直通山顶，人们叫它——鸿雪径。

西泠印社

华严经塔

1924年，原在山顶的四照阁，迁到了凉堂之上，而旧址的所在，立起了一座石塔，华严经塔。远望格外醒目，成为西泠印社的标志建筑。

西泠印社园林的形成（动画）

前后二十年间，孤山上的营造并没有预设的布局，却巧妙连缀起来，组成了一座完整的园林。

红外影像　西泠印社园林

结社，交游，治印，诗书。剑胆琴心，风月也衬得出家国春秋。

杭州西湖

西学东渐的时代，西泠印社却孤高不迁，反其道而行，独有一种自信风范，并将这风范散播海外。

华严经塔

观乐楼
汉三老石室
遁庵
还朴精庐
山川雨露图书室

华严经塔
题襟馆
四照阁
鸿雪径
宝印山房
仰贤亭
柏堂
竹阁

印泉

西泠印社印泉

长尾甲/吴昌硕父子与河井仙郎旧影

鸿雪径下有泉，泉畔石壁上“印泉”二字颇有汉碑神韵。而它的作者，却是日本人篆刻名家长尾甲。1913年，长尾甲得逢机缘，参加了西泠印社首次雅集，并写下“印泉”二字留念。

而事实上，中国金石文化，早就在日本篆刻界烙下印记。

1900年，与长尾甲齐名的另一位日本篆刻大师河井仙郎，就在上海正式投入吴昌硕门下学习。六年后，河井仙郎渡海拜谒孤山，加入西泠印社。

锦鲤在水中游动

须臾就是百年。

百年风潮，随金石留痕，穿越时空。

这一切，就是梦吧？梦中，我仍是那锦鲤。从西湖，到钱塘，再到东海，我看见潮汐千万年不息，在海岛与陆地之间，传递世事沧桑。

吴昌硕父子与河井仙郎

河井仙郎（1871—1945），字荃庐，西泠印社早期社员，日本篆刻一代宗师。书法承日下部鸣鹤、岩谷六一，劲健峻拔，颇得六朝风韵。中年改习陈曼生之行气，以潇洒而有金石气驰誉东瀛。篆刻受教于筱田芥津，以后改习浙派，旁涉赵之谦与徐三庚。河井仙郎多次往来中国，1900年拜吴昌硕为师。在他的影响下，其弟子后学西川宁、松丸东鱼、小林斗盦和青山杉雨都成为吴昌硕艺术的推崇和研究者。

长尾甲

长尾甲（1864—1942），名雨山，字子生。日本著名汉学家、西泠印社早期社员。毕业于日本帝国大学，任职东京高等师范学校。1902年，长尾甲辞去教职，并于次年移居中国上海，受聘于商务印书馆编译室主任，参加中国小学教科书的编纂。在中国期间，经友人引荐拜识了长其20岁的吴昌硕，并与之结为诗友，吴昌硕有多幅作品相赠。1914年长尾甲返回日本，在京都以讲学、著述及书画为生。

小林斗盦（1916—2007），本名庸浩，号斗盦，日本埼玉县人。日本书法及篆刻名家、全日篆刻联盟会长，西泠印社名誉副社长，日本艺术院会员，日展顾问，日本北斗文会会长。

日本东京　小林斗盦工作室

2003 年，西泠印社的百年生辰。河井仙郎的学生，当代日本书法篆刻界泰斗小林斗盦，把吴昌硕所刻的一方“西泠印社中人”印章捐赠给西泠印社。

“西泠印社中人”印

吴昌硕“西泠印社中人”印

而这枚印，竟是当年葛家藏书楼大火之后，遗失的珍品之一。多年之后，它辗转出现在上海拍卖会上，又终被小林斗盦购得。

小林斗盦工作室

锦鲤、白鹤、蚂蚁以及风花雪月、孤山西湖等意象性镜头交叠

旧事早已不在，生老病死，无论当时多么惊心动魄，多年之后，竟然都是水波不兴。

梅花漫山

每当我想起那些往事，梅花，就落了满山。

記

石头在世间已存在了上亿年，而生命的更迭，仿佛只是刹那之间。世人敬畏和崇拜石头，不分文化种族。这是生存观念，信仰，也是世代以来人与自然之间平衡的切身理解。

石无价，石有价，石中玩味舍与得：有人刻印挽留一段深情，有人入空门放弃一切。印有形，石中留存记忆，石中记录文化。但是印也可以无形，化作红色印谱，甚至化作无形的文化礼仪。

把惠皎的故事放在本集开篇，正是为我们所要讲述石头记定了一个哲学基调，其中含着辩证关系。套用流行句式，仿佛是在解答一个终极问题：人们刻印是在刻什么？

把文字刻在石头上本身并不是不朽，但是在刻石经的过程当中，所体现的各种各样的所谓的性，那种微尘般的因缘，与物相由，就变成了不朽。就如同结尾所说，有形的，散作宇宙微尘；无形的，再成万千因缘。印石在手，奥义在心。心中，源流不竭，草木不枯，花开不败。

西泠印社孤山社址有印泉、潜泉、闲泉三处名泉，为创社后开凿，唯独文泉，是在西泠印社创立之前就有。明朝杭州知府张奇逢，在泉眼石壁上题写“斯文在兹”四字。清光绪年间，俞樾与弟子们寻得此泉，题字“文泉”。

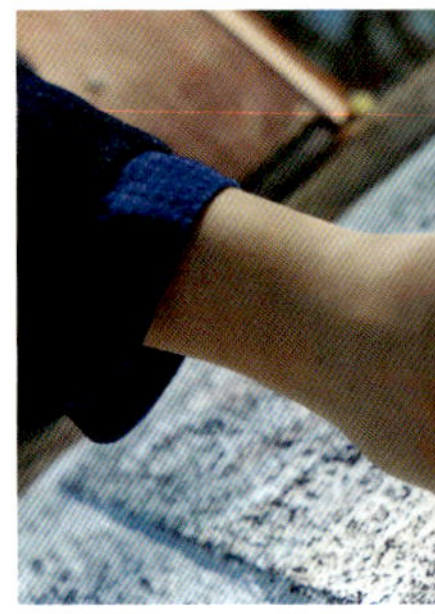

引子 整理社址文物对俞樾的新发现。

冯立在孤山文泉摩崖石刻拓印。

字幕 2018年10月16日，杭州孤山。

冯立，27岁，西泠印社社员。

拓印现场

冯立同期声 “（1881）著名的学者俞樾先生，带着他的门徒来巡山，特意来寻访文泉，命笔写下了我们现在今天看到的，文泉的这样的一处摩崖石刻。这处摩崖石刻呢，大家都以为它已经湮灭掉了。在近期呢，我们西泠印社在普查文物的时候，又意外地在草木丛中，发现了我们这个文泉。”

字幕 俞樾手书“文泉”摩崖石刻，在社庆115年前夕被重新发现。

出本集片名——“石头记”

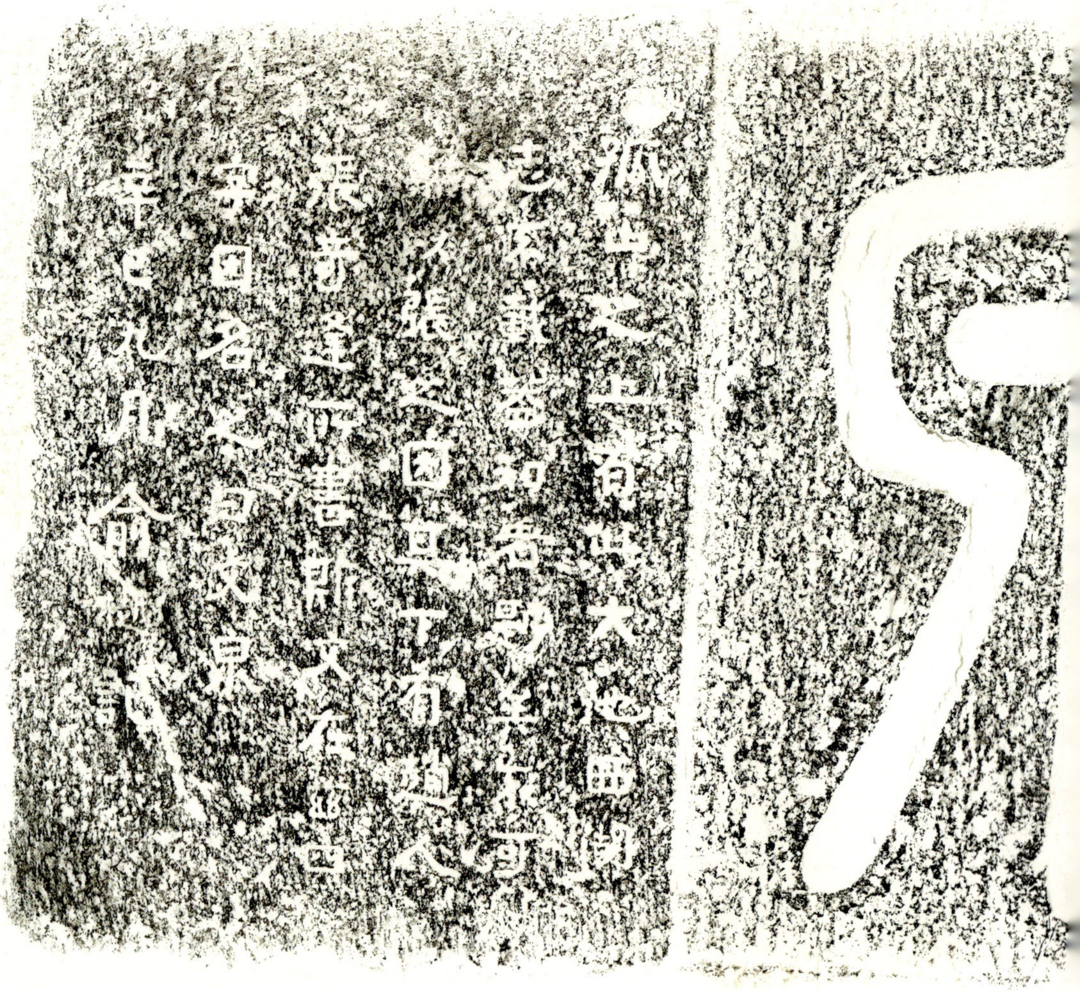

“文泉”拓片

唐代孤山寺悬崖峭壁上的《法华经》（复原现场）

一千二百年前，唐代僧人惠皎，用七年时间在孤山寺刻下一整部《法华经》。人说，那六万九千个文字，依附在石壁之上，终将不朽。

今天，石经早已无存。是惠皎的徒劳，还是世人的无明？

其实，宇宙亿万年，阴与阳，火与风，名与形，四海九州，都不过是天地间的微尘。

经书的奥义，不在于石质的永恒，而在于那刻石的每一笔。那日与月扫过的每一道光影转折，都如微尘，却折射万千。

何为朽，何为不朽？唐时的明月既已拂过那些文字，它们早就飘动起来，游走在天地之间。

孤山《法华经》摩崖石刻（复原图）

吴昌硕“明月前身”印

吴昌硕旧影

吴昌硕治印“明月前身”场景再现

他从梦中惊醒，窗外明月高悬。月影里，他仿佛又看到了乱世中早逝的未婚妻。而今他已六十五岁，离散时，他才十七岁。

秋雨如愁的四十岁，他就梦见过她。这次他决定付之行动。“流水今日，明月前身”，借用晚唐诗人司空图的名句，因着这场梦，他刻下一枚印章。

“明月前身”印章细节

浙江安吉　吴昌硕故居

印侧，是未婚妻的背影像，和短短两句铭文。

吴昌硕“明月前身”印
吴昌硕旧影

老缶是他在作品里的自称。四年后，他受邀成为西泠印社首任社长。他更为世人熟悉的名字是吴昌硕。

浙江安吉　吴昌硕故居

年少开始饱读诗书，他也曾求取功名。可官场令他乏味，不免自嘲自己就是酸寒小吏。好友任伯年因此画了《酸寒尉像》给他，状态传神。

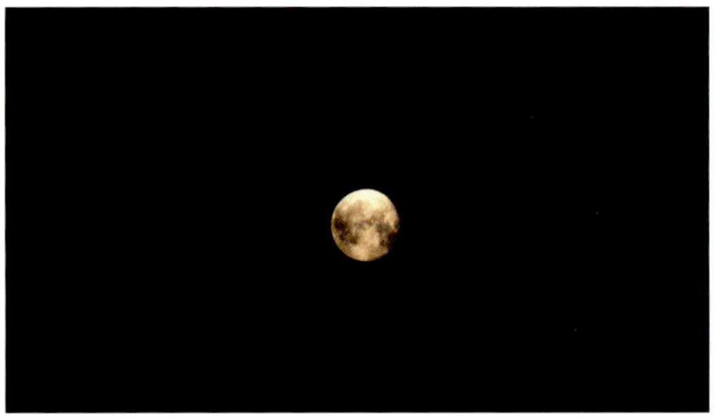

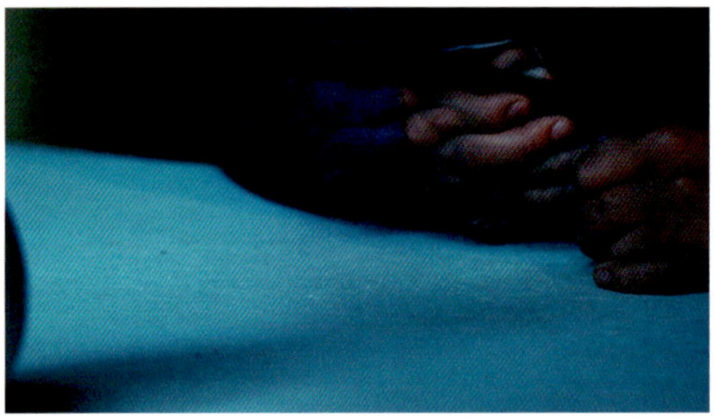

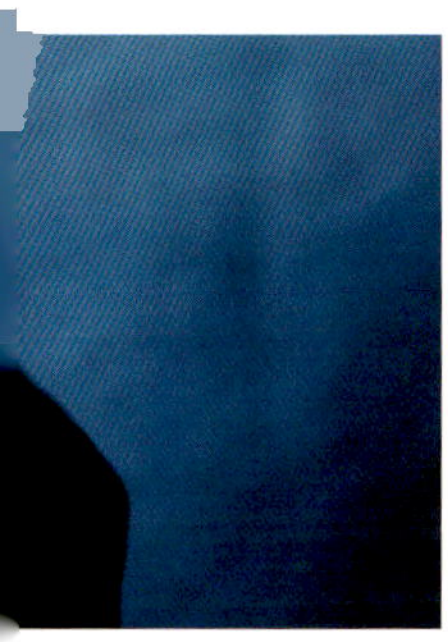

《酸寒尉像》局部

吴昌硕《墨梅》

《蕉荫纳凉图》局部

清　任伯年绘《酸寒尉像》

懂得他的任伯年，又为他另画一幅《蕉荫纳凉图》。幽默自在中，却隐藏一身傲骨。

清　任伯年绘《蕉荫纳凉图》

无怪他一生爱那傲立枝头的梅，善以梅花表明心迹。

吴昌硕画作梅花与实景梅花交叠

多年后他题下这样的诗句：冰肌铁骨绝世姿，世间桃李安得知。

任伯年《酸寒尉像》1888年

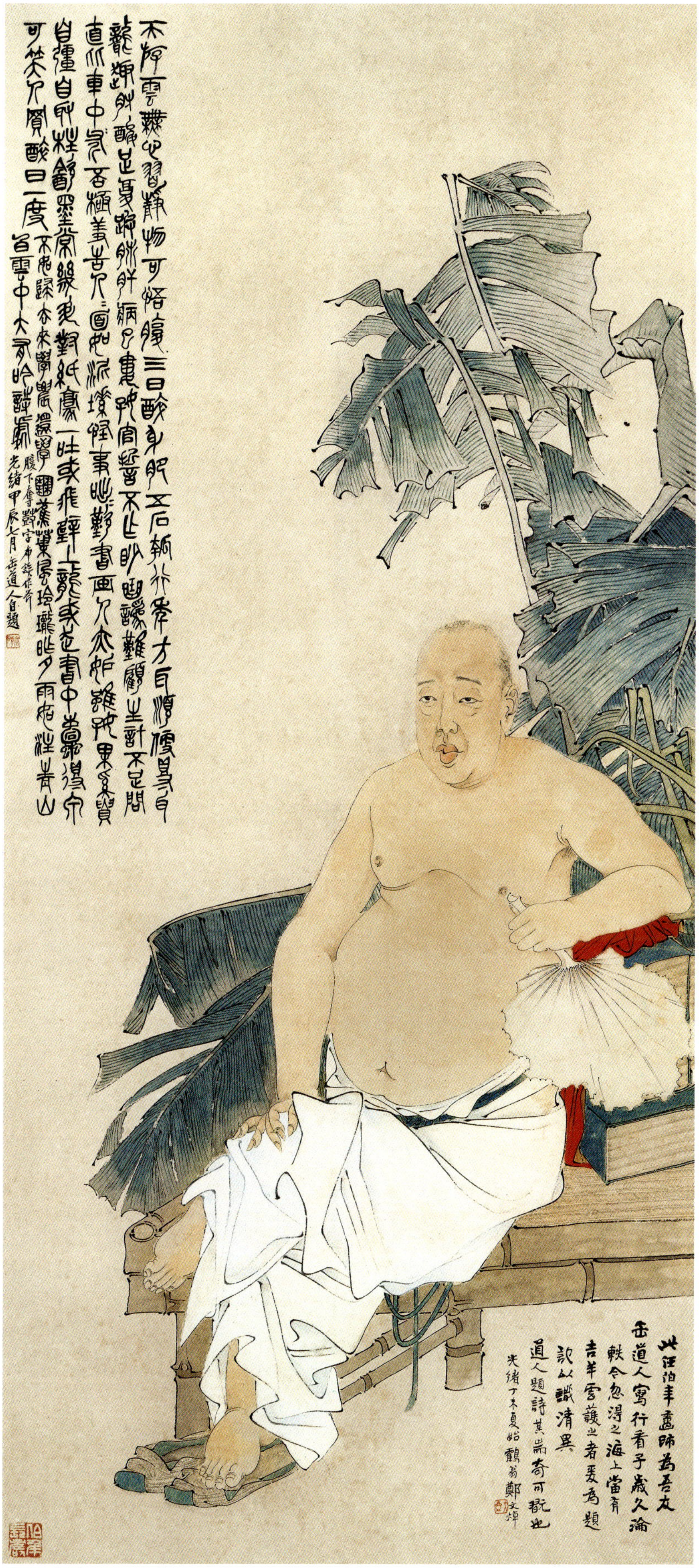

任伯年《蕉阴纳凉图》1888年

吴昌硕在孤山西泠印社留影

吴昌硕留影变幻为吴昌硕同场景老照片

他最终挂印辞官。但就像世代以来的无数中国文人一样，他从未将心中那枚印章挂起。

到他年近古稀之时，这所有的一切，最终成就了他艺术创作的巅峰。名满天下的他，宾朋满座，尽享尊荣，该说生活待他不薄吗？倒不如说，生活的百味，他早已尝尽了。于是，从花卉到蔬果，他更愿意在绘画的世界里，温柔对待日常生活的点滴。

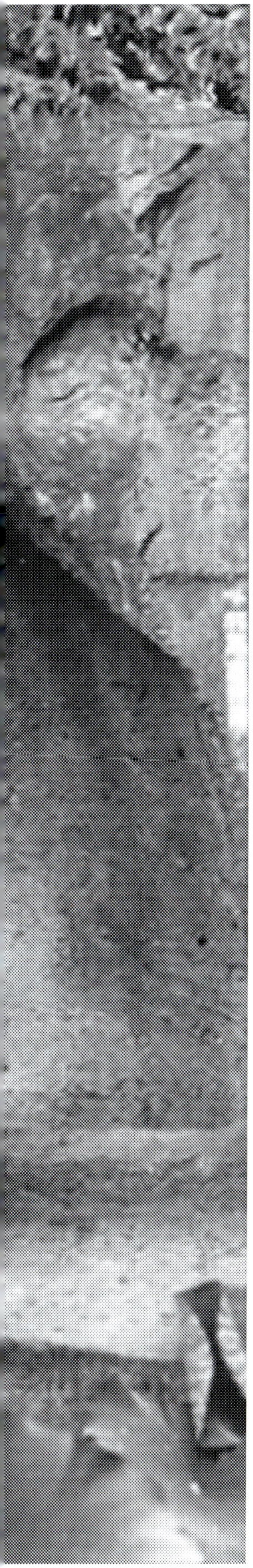

1927 年吴昌硕锦带桥留影

石室遯形
錦帶橋

印有規曲屋似
之印社守西泠
先哲遺規垂示
後學自題此崖
以紀焉高時顯

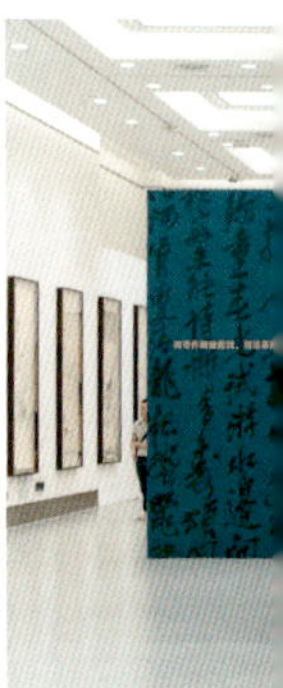

吴昌硕书画展

而金石对他而言，是肃穆而悠远的。他在青铜、甲骨、陶瓦、碑石中寻找时间的印记。世人爱临王羲之，他却走得更为极致。字形稍作拉长，宛如秦代刻石小篆。简洁、锐气，充满力量感。

“诗文书画有真意，贵能深造求其通”，他在《刻印》一诗中这样写道。他毕生聚精会神致力以求的正是这个“通”字。

人们说他的心，回归了源头。更不如说，他是乘着这源头之水，一路航行至今。

颠沛也罢，繁华也罢，都是往事。而他却久久记挂着那段月影，并珍藏在这方寸石头之间。

那些记挂，真能恒久吗？抑或，刻下的，终归就是一场送别？

吴昌硕书画展现场

李叔同旧影

鸿雪径“印藏”原址

孤山西泠印社

1918年夏，一位先生再次来到孤山脚下。此前他委托好友叶为铭代为选址，在孤山上凿出一个石洞，把九十三枚印章藏入洞中封存，以这种方式捐赠给了西泠印社。

今天，这“印藏”二字所在地，就是当年藏印的所在。

西泠印社鸿雪径

李叔同旧影

印章的主人，名叫李叔同，他一生传奇。

1911年，辛亥革命胜利，他写下词句——“看从今，一担好山河，英雄造”。

而三年之后的1914年，他却写出这样的歌词——“天之涯，地之角，知交半零落；一觚浊酒尽余欢，今宵别梦寒。”一曲传唱至今。

西泠印社文泉雪景

也许，人生的悲喜滋味，在这两首词中，都写尽了。此后的人生，他越发走向静默求索的修心之途。

杭州　虎跑寺

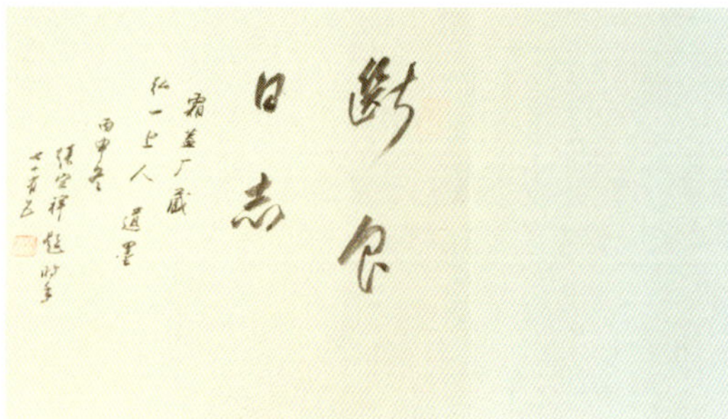

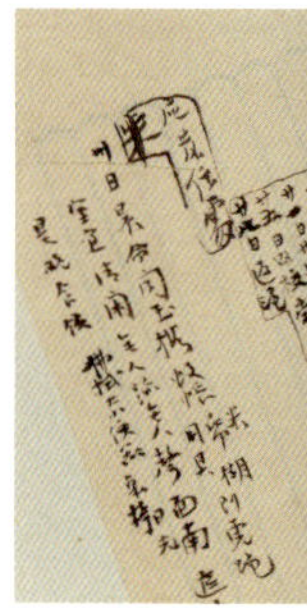

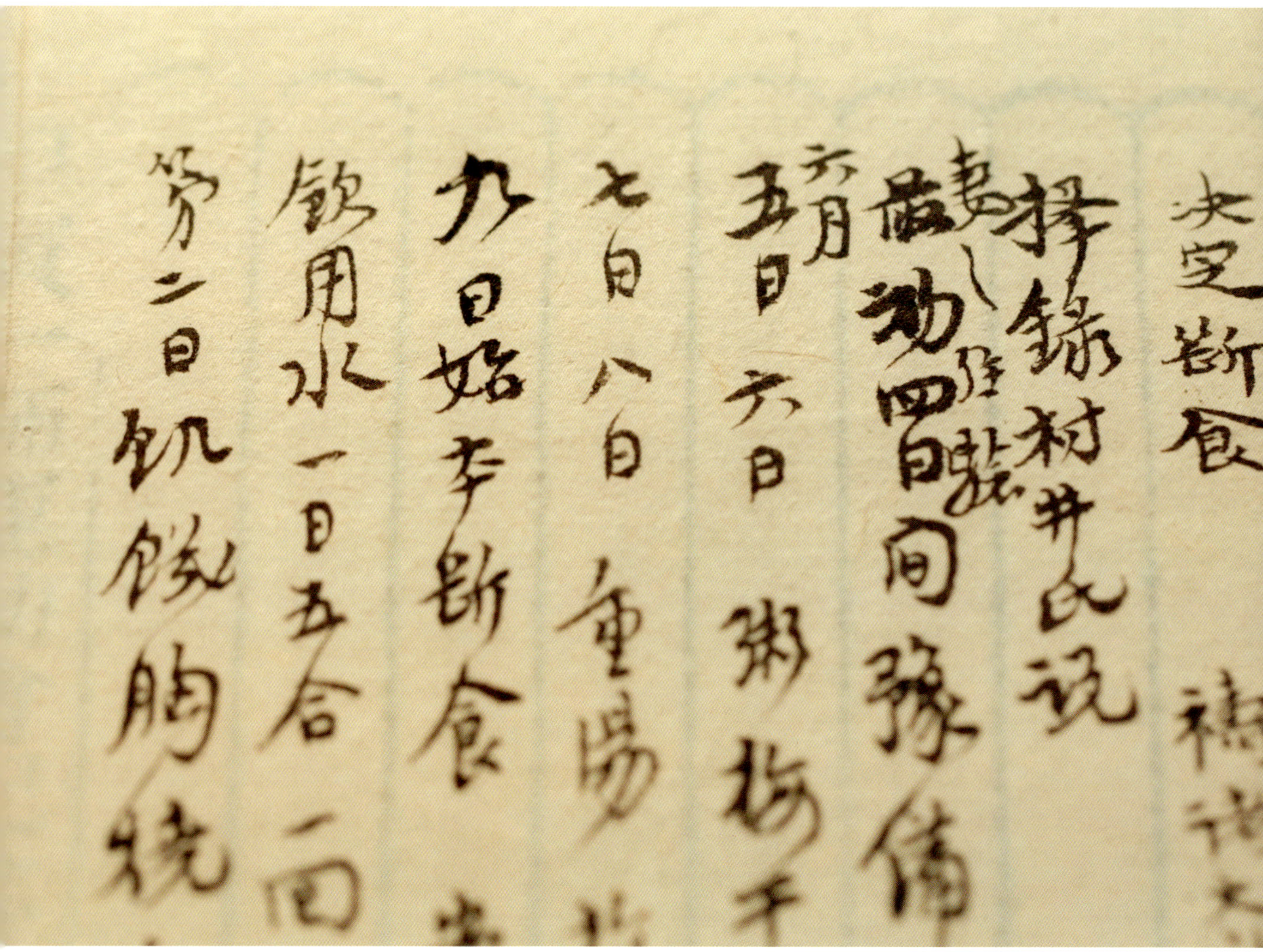

杭州虎跑寺

1916年冬，他开始在虎跑寺进行为期三周的断食实践，并写下《断食日志》。

字幕 2018年9月 虎跑 李叔同纪念馆

李叔同《断食日志》散落民间近百年，重新回归虎跑李叔同纪念馆。

李叔同《断食日志》细节

在他看来，这是身心更新的修养方法。也正是在这里，他近距离接触到佛寺的幽静，生出亲近之心。

两年后，他在虎跑寺出家，法名“弘一”，时年38岁。而他珍爱的印章，那些代表了他生命中坚固与坚持的石头，一个不留。

李叔同纪念馆

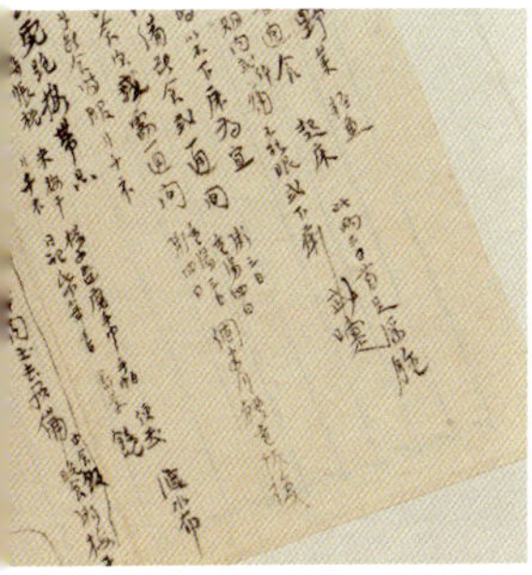

李叔同《断食日志》局部

李叔同（1880—1942），又名李息霜、李岸、李良，谱名文涛，幼名成蹊，学名广侯，字息霜，别号漱筒。李叔同是著名音乐家、美术教育家、书法家、戏剧活动家，中国话剧的开拓者，西泠印社早期社员。从日本留学归国后，李叔同担任过教师、编辑之职。1913 年受聘为浙江两级师范学校（后改为省立第一师范学校）音乐、图画教师。1915 年起兼任南京高等师范学校音乐、图画教师。民国七年（1918），李叔同剃度为僧，法名演音，号弘一，晚号晚晴老人，后人尊称为弘一法师，是南山律宗第十一代宗师。

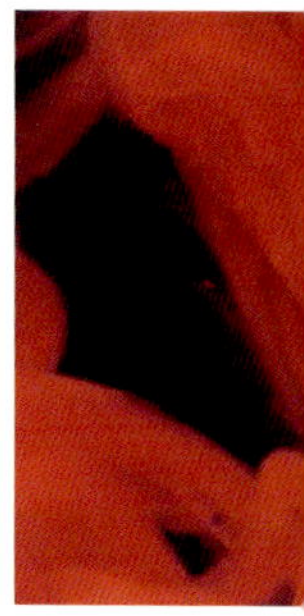

李叔同“文涛长寿”印

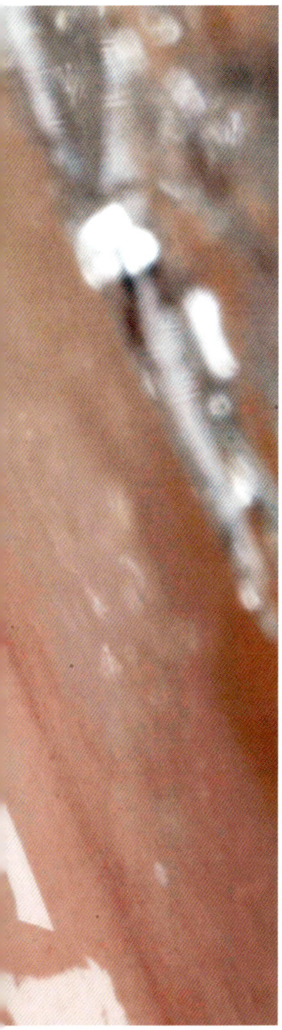

李叔同“文涛长寿”印

当年九十三枚印章中，有一枚他自镌的印章，白文印“文涛长寿”。

大师舍尽一生身外之物，后人却得获无价的文化珍宝。这方寸印章背后的舍与得，值得玩味。

都说石头有两次生命：一次是物质生命，万年沉积诞生于地球表面；一次是艺术生命，一朝琢磨见赏于方寸之间。

水中印章，红色的印泥漾开

人们从何时开始在石头上刻画？让我们把这个问题留给考古学家吧。

也许，无论东方西方，都希望用坚硬材质留存物证，对抗历史的变迁。

老石室

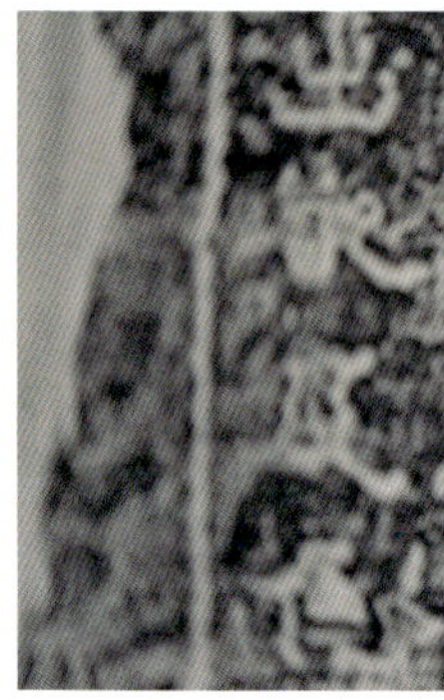

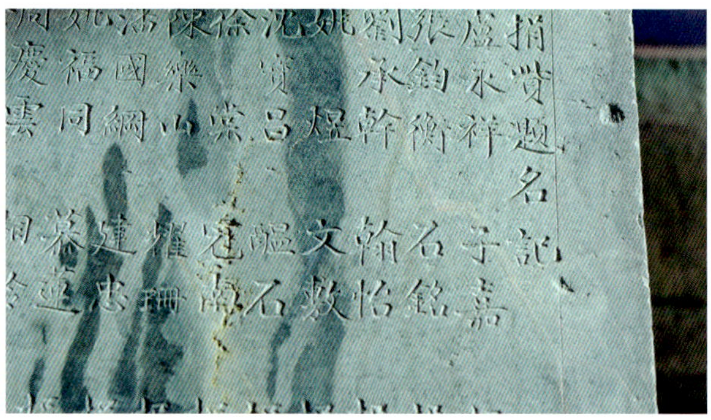

章留片石

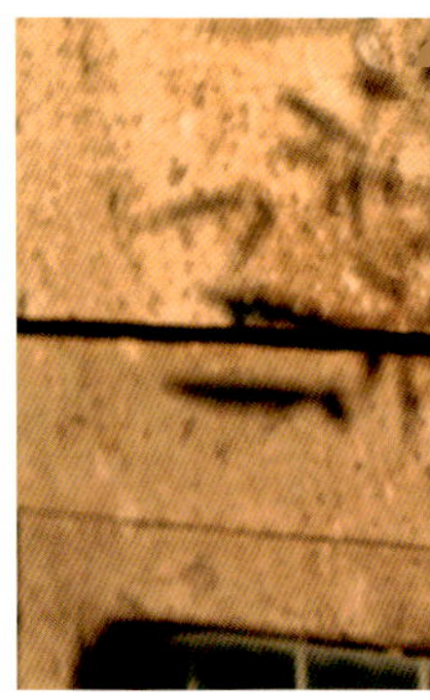

汉三老石室

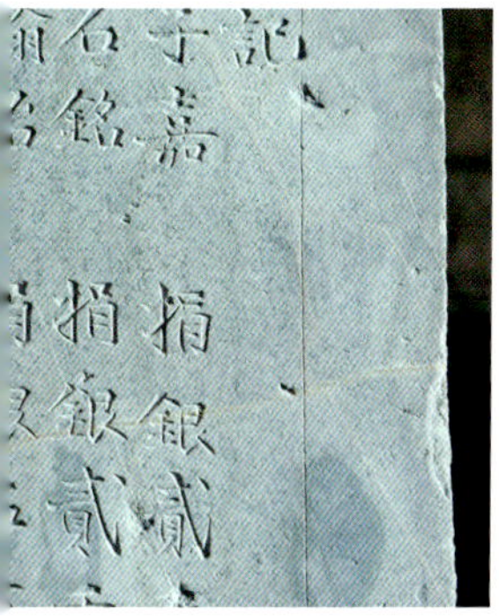

西泠印社　汉三老石室

孤山上这座石室里，保存着一块东汉石碑。

东汉《汉三老石讳字忌日碑》

石碑记载了一个汉朝人三世祖先的生辰、忌日及名讳，所以被称作“汉三老石碑”。

《汉三老石碑》碑文细节

石碑雕刻的年代，正处于从篆书向隶书的过渡时期，它也因而成为中国文字演变的上佳物证。江南并非汉文化核心区，东汉石碑在此出土，意义非比寻常。

《汉三老石碑·捐赠题名记》细节

1919 年，有日本古董商希望收购此碑，运返东洋。消息辗转传到西泠印社，吴昌硕、丁辅之等人四处奔走相告，各地名士慷慨筹资。最终，在短短的时间里，他们筹够银元，赎回石碑，并筑起石室专门陈列保存。

王福庵与早期社员孤山合影

汉三老石室今昔

以汉三老石室为背景的老照片和实景叠加
王福庵、吴昌硕与早期社员孤山合影

红外影像 汉三老石室前川流不息的人群

此后经年，它成为西泠印社人分外看重的文化渊源印记。

雷峰塔今昔

三维复原　杭州雷峰夕照

西泠印社华严经塔

人们也用石头建塔，将虔诚之心，挺拔入天。这座华严经塔，当年由西泠印社创始人之一丁辅之主持修建。起因是为久病的爱女丁阆平祈福。

西泠印社华严经塔旧影

1924 年，孤山之巅，华严经塔最后落成。书法大家周承德应邀题写了《华严经塔》及《功德录》。记录下西泠印社早期社员和诸多热心人士的鼎力相助。

雷峰塔倒塌

字幕　1924年9月25日，杭州西湖，雷峰塔倒塌。

同样在这年，与孤山遥遥相望的雷峰塔倒塌。但雷峰塔下白娘子的故事，终究并未随之灰飞烟灭。

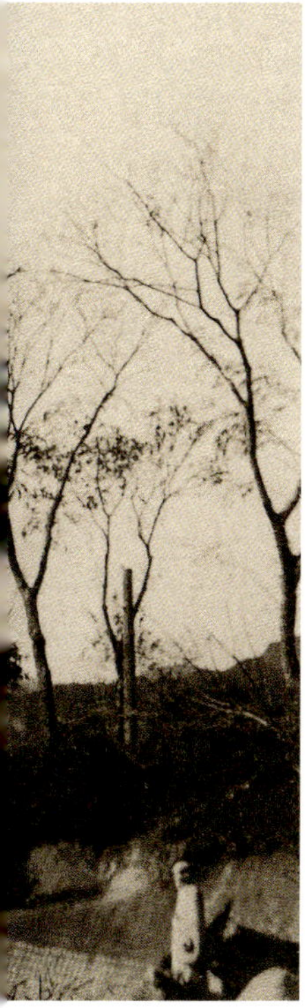

高耸入云的华严经塔

而对于西泠印社人来说，西泠之塔，代表着西泠印社早期社员们心念相通，协力共谋的决心，更代表着西泠文化博大精深，因岁月而成就的共同信仰。

华严经塔旧影

华严经塔

华严经塔《西泠华严经塔写经题偈》细节

弘一法师与华严经塔

而塔身上的文字,更穿越时间,留存下去。这篇《西泠华严经塔写经题偈》尤为令人称道。它的作者，就是同为西泠印社早期会员的李叔同，或者更准确地说，弘一法师。

1942 年 10 月 13 日，大师圆寂。在圆寂前夕，他提笔写下四字偈语——“悲欣交集”。悲与喜，铭记与告别，这仿佛是对自己一生的总结，也是大师心中的万物真义。

华严经塔

我知道聚沙成塔，却又知道一切坚固未免最终烟消云散。但我知道，我们终将留下一些什么。

山

时代变化之下，铜鼎甲骨，泉币镜铭，古陶砖瓦，碑版石刻，大多都离了我们的生活时空，换了地方被保存起来。今天，更多的时候，我们要在朱与白的意象里，感知其中的价值。

铃印

印石无言，与朱砂之色相和，变成纸张上的印记，再绽放光彩。也许，这正是金石生命的另外一种形态。

龙乐恒，法国巴黎人，2004年加入西泠印社，是西泠印社第一位欧洲籍社员。他自幼爱好东方文化。1980年考入巴黎国立东方语言学院中文系，1987年硕士毕业，随后留学中国台湾。在台期间师承马名振习书法篆刻。1998年拜刘江为师。龙乐恒的篆刻风格大胆而少有拘束，在中国传统基础上融入西方美学理念。多次向西泠印社捐赠自己收藏的印谱和书画作品。

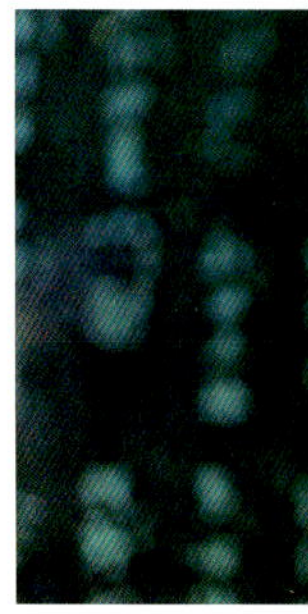

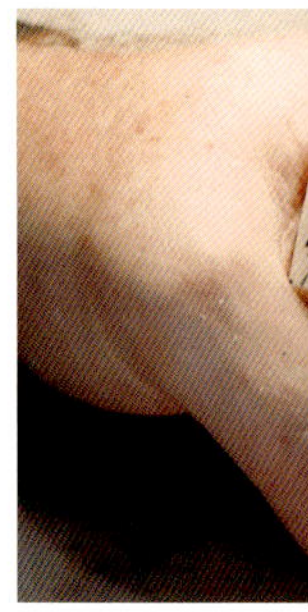

法国籍西泠印社社员龙乐恒进行书法创作

龙乐恒与西泠印社的缘分，就包括了印谱。这个巴黎人自幼爱好东方文化。1998 年，拜刘江为师，学习书法篆刻。

西泠印社社员龙乐恒

龙乐恒在西泠印社社员墙寻找自己的名字

2004 年，龙乐恒成为西泠印社第一位欧洲籍成员。作为西泠印社唯一一位欧洲成员，他尤为珍重这个身份。

2018年8月8日　西泠印社龙乐恒捐赠仪式

每逢正式的场合，他一定要请对方容出时间，自己回到住处沐浴更衣，再以传统的中式衣冠相见。文化的底色，从书法印学出发，兜兜转转，再来到龙乐恒身上。这中西相连，化为无形的礼仪，颇耐人寻味。

我们看到石之实相，也看到石头背后的文脉力量，这力量自始至终陪伴着西泠印社走过115年。孤山之上，一个百年名社，盛衰浮沉、跌宕起伏，回望一个多世纪，印石中幻化乾坤，曾有多少人为之付出努力。

西泠印社中人

吴昌硕，号缶庐，浙江安吉人，1913 年被公推为西泠印社首任社长。

不登大雅之堂

马衡，字叔平，浙江鄞县人，1947 年被推为西泠印社第二任社长。

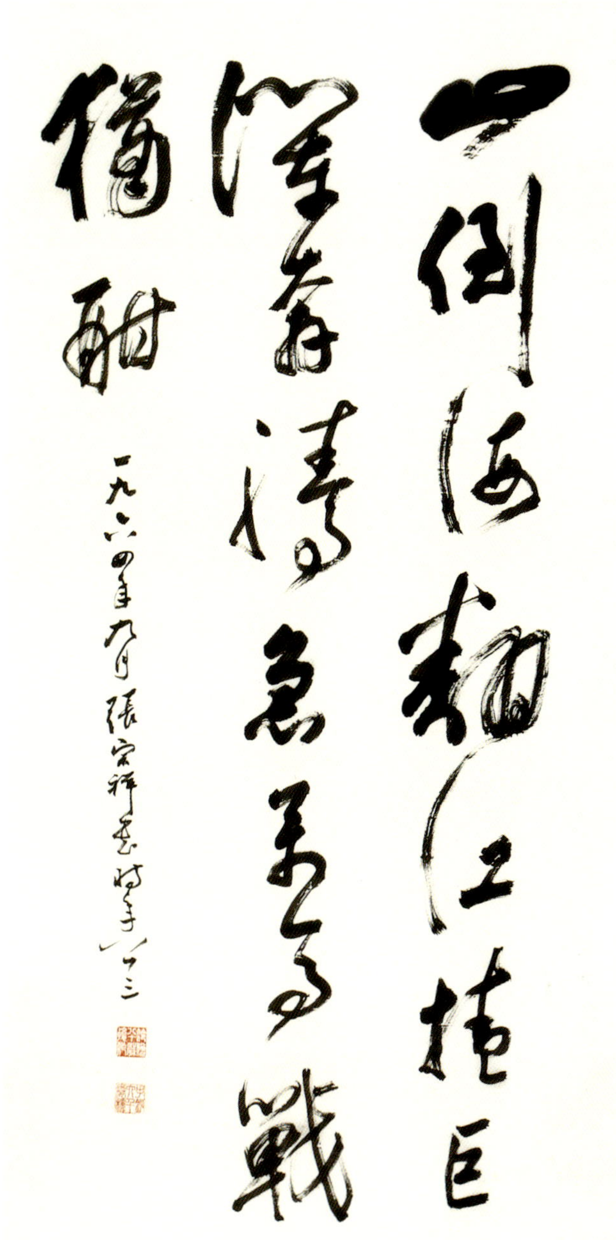

张宗祥，字阆声，浙江海宁人，1963 年被选为西泠印社第三任社长。

无限风光在险峰

沙孟海，号石荒，浙江鄞县人，1979年被选为西泠印社第四任社长。

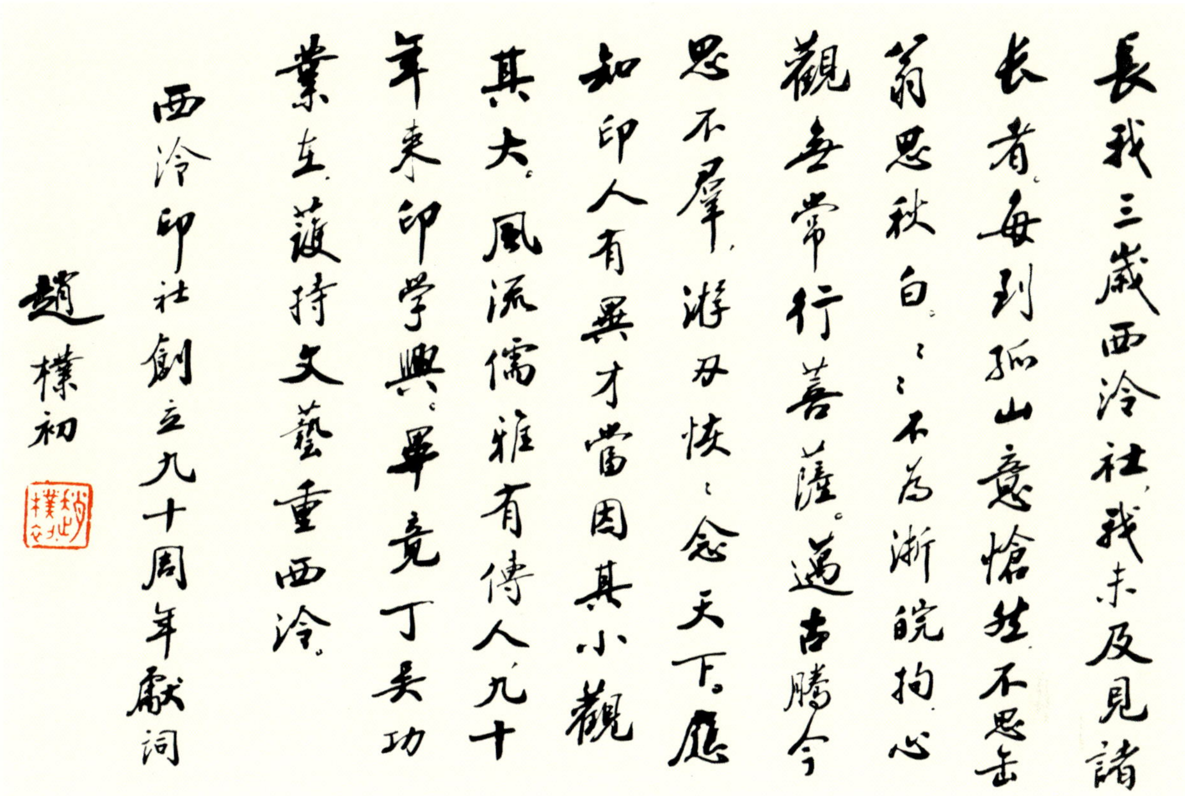

赵朴初，安徽安庆人，1983 年被选为西泠印社名誉社长，1993 年被选为西泠印社第五任社长。

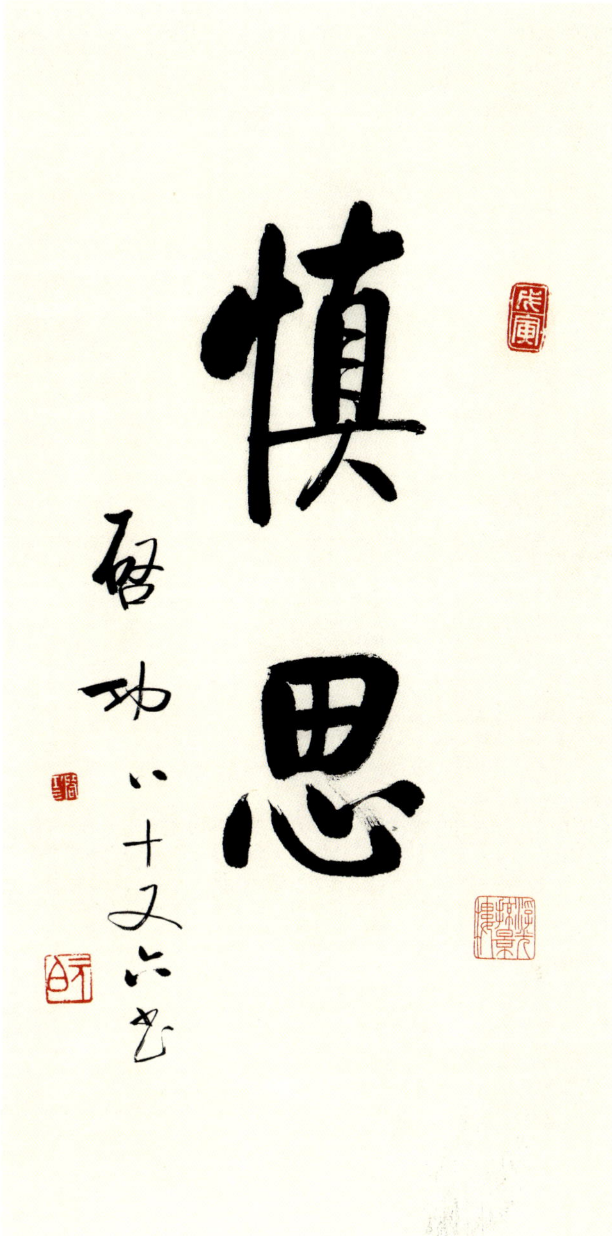

启功，字元白，北京人，2002 年被选为西泠印社第六任社长。

饶宗颐，字伯濂，广东潮州人，
2011年被选为西泠印社第七任社长。

刘江，1926年7月生，四川万县人。1945年入重庆国立艺术专科学校预科习绘画，1949年投笔从戎，1957年复学于浙江美术学院（现中国美术学院）国画系，得校长潘天寿教授书法、篆刻。1961年毕业留校任教书法、篆刻等课程。曾任中国书法家协会创作评审委员、理事，浙江省书法家协会副主席。现为中国美术学院教授，西泠印社执行社长。

2018 年 10 月 6 日，西泠印社执行社长刘江先生治印“西泠不冷”。

印石在手，奥义在心。心中，源流不竭，草木不枯，花开不败。

那些思念，那些送别，那些传承，那些虔诚，那些仪礼。有形的，散作宇宙微尘；无形的，再成万千因缘。

西泠不冷

跋一

曹工化

作家，文艺评论家，书画家，媒体策划人，中国美术学院客座教授。

管领湖山属印人

曹工化

2018年11月，浙江卫视一部以百年社团西泠印社为题材的纪录片《孤山路31号》引起了极大关注。

《孤山路31号》是系列纪录片《西泠印社》的第一部，共三集，为“湖山记”，为“草木记”，为“石头记”。

从字面上看起来，它好像是一部风光片，是一部自然地理片，或者是一部旅游宣传片。因为，西泠印社，本来就是杭州西湖一个著名的“景点”。

它是这样开始的：杭州“孤山不高，海拔只有38米。孤山不大，方圆不过20万平方米。你可以说，它是西湖边最小的一座山，却也可以说，它是西湖上最大的一块石头。”

就这么一座小小的山，也可以说，一块石头，何以竟然成为中国近现代文化史上仰之弥高的巅峰。这才是片子的思考。

它是这样开始的：1904年的夏天，25岁的丁辅之、24岁的王福庵、37岁的叶为铭和吴隐，相聚在这里，相约结成一个小小的，只是“保存金石、研究印学”的圈子。这个“圈子”就叫“西泠印社”。

1904年，那是怎样的一个历史节点。

以《辛丑条约》的签订为结果，中国自此彻底沦为半殖民地半封建社会。

五年前，在中华民族与中国文化最危险的时候，中华民族最古老的文字——3500年前的甲骨文发现了。

甲骨文的发现，在这样的时刻，是苍天让一个濒于灭亡的民族看到了3500多年前自己从未知道的辉煌。从而，极大地增强了自己的文化自信。在远古就创造了人类如此辉煌文化的民族，必定是顶天立地，地久天长。它，为中华民族提供了文化复兴的信念支撑与复兴资源。

也在1904年，孙诒让写成《契文举例》，罗振玉写成《殷墟书契》《殷墟书契菁华》《铁云藏龟之余》《殷商贞卜文字考》《殷墟书契考释》。第一批甲骨文研究著作问世。

1904年，西泠印社，在杭州西湖孤山，成立了。

它，名叫"印社"，志在"金石"。

"金石学"，起于清代的乾嘉学派，是以远古文字为路径，以证经补史为目的的名为"小学"的"经世致用"大学问。它的开山祖顾炎武说："君子为学，以明道也，以救世也。徒以诗文而已，所谓雕虫篆刻，亦何益哉？"他还说："天下兴亡，匹夫有责。"

"金石"，关乎"兴亡"，那是"文化"之根。

"金石"，与天地同在，与日月永恒。

1904年，这个风起云涌颠覆一切的时代，西泠印社的"创社四君子"知道，那是西方列强的船坚炮利让我们民族失去了文化自信。

"天下兴亡，匹夫有责。""天下"之本，就是"文化"。守住文化，就是守住天下。

"四君子"，在杭州，在西湖，在孤山，以一腔热血满腹经纶，结社西泠，"挺住，就是一切。"

所以，纪录片《孤山路31号》的全媒体传播标题就叫"西泠不冷"。这，就是他们的思考。

你可能看过中国印学史，可能看过西泠印社史，可能看过西泠印社。但"看"和"见"是不一样的。"看"过，不一定就"见"到。

你看过《孤山路31号》，就会"见"到你看过——甚至经常看过的西泠印社，而没有"见"到的东西——西泠印社的文化意义。

这，就是《孤山路31号》对于纪录文化与文化纪录的思考与启示。

我们现在的纪录片，往往是拿西方现代的一些所谓前卫的理念，填充一些本土历史与当下的影像，以显摆自己文化的姿态。

而《孤山路 31 号》告诉我们，纪录片，本身就是一种思考——一种自己的思考。它是在一个对象已经经过其他工具的思考与呈示之后，再作自己与之不同——也是它们到达不了的思考与呈示。

影像思考与思考影像，这是当下纪录片要思考的核心问题——也是纪录片文化的核心问题。

《孤山路 31 号》告诉我们，纪录片的思考，是用影像的思考，也是用影像的表达。“影像”，本身就是一种思考与表达的不可替代的方式——是一种对于人类世界的整体思考与表达的多种构成中的一个不可或缺的形态。

《孤山路 31 号》很难分类——或者说是，不能分类的纪录片。它是自然地理，也是人文历史；是诗意型，也是阐释型；是电视，是电影，也是网络。

《孤山路 31 号》是颠覆——准确地说，是回归。

人类文化，本来就是一个整体。合久必分，分久必合。至少，它在《西泠印社》合了一把。而《西泠印社》，让我们看见了人类相离已久的“合”的力量。

“人，只能看到你知道的东西。”《孤山路 31 号》看到了它知道的东西，并让看到《孤山路 31 号》的人知道西泠印社的文化意义。这里也应该包括西泠印社中人。

西泠印社在孤山，孤山在西湖。西湖，是作为“文化景观”录入世界文化遗产的。

按照联合国教科文组织的定义，“文化景观，是自然与人类共同创造的作品。”

西泠印社，就是文化景观。《孤山路 31 号》打通了“文化”与“景观”界别。

西泠印社，本身也是世界文化遗产——2009 年，由西泠印社领衔申报的“中国篆刻艺术”入选“人类非物质文化遗产代表作”。

《孤山路 31 号》告诉我们，当“文化”成为“景观”的时候，“景观”也就是“文化”。

一种文化的生成，一定有它的景观—自然地理基因。从根本上说，文化和自然是合一的。这种“合一”，需要在时间—历史中发酵。

“究天人之际，通古今之变，成一家之言。”这是《孤山路 31 号》承继的传统，也是对当下纪录片的启示。

曾几何时，“媒体即内容”甚嚣尘上不可一世。尘埃落定之后，“内容为王”，“我自岿然不动”。

看《孤山路 31 号》的全媒体传播，“内容即媒体”倒是可以立于不败之地。

《孤山路 31 号》在这个全媒体与自媒体时代，宣告了纪录片的自信。这是纪录片的文化自信——立定文化才有自信。

王国维，国学大师，“独立之精神，自由之思想”的标志。他在《题西泠印社图》诗中说道：“管领湖山属印人。”我想，他的意思是，西泠印社是西湖的文化制高点，只有“西泠印社中人”才能引领西湖的文化高度。

《孤山路 31 号》“湖山记”结尾处是这样说的：“这个红月之夜，孤山仿佛意欲起航，去那深远宽广的大洋中，寻找它的答案。但是当然，亘古以来，它其实从未远离过这湖，这连绵群山，这家国大地。”西泠印社，就是孤山文化之舟的“压舱石”。

总导演许继锋说，《孤山路 31 号》系列纪录片颇具实验意味，除了叙事格局独特而充满张力，在镜头语言上也独具创新。为了带给观众一种不同以往的视觉体验，节目组甚至配置了专门的影像实验团队，利用中国纪录片历史上从未采用过的高科技手段，以一种特殊的视角，打通现实和精神空间的穿梭隧道，不仅令金石世界迸发出极具震撼力的视觉体验，也让孤山的整个生命体系找到了一个表达自己的机会。

——文载《人民日报》2019 年 2 月 21 日　有修改

跋二

孤山，何以不孤

写西泠，要从孤山写起。

孤山的有名，是因为一只鸟，这只很仙的鸟，就是鹤，林和靖先生“梅妻鹤子”的那只鹤。

孤山的气质，也是因为一棵树，这棵树，叫作梅花。

其实，孤山的气韵悠长，完全是因为一个人，这个宋朝人，他叫林和靖。

你一定看过宋徽宗的《瑞鹤图》，我们可以相信，这是一个文人皇帝内心的真实影像，应该也是大宋朝的一幅标准留影。我们也会相信，那时的孤山，是一个有鹤栖居的秘境。因此，我们偶尔也会想起，为什么梅花依旧一树一树地开遍了山上，什么时候开始，鹤，却不再飞过西湖的天际。

西湖文化的成型，最初在唐宋两朝。

在很长一段时间，孤山是西湖上一个骄傲而孤独的存在。更久以前，西泠，也只是一个荒凉的古渡。今天的西泠，有很多人提到，这是一座精美的中国园林，是的，它一直活在当下。我要做的，是寻找到它绵延不绝的特殊生命信息，你可以说，我会还原一个生机盎然、有故事有剧情的影像版的“三味书屋和百草园”。当然，主角会是一只鸟，这也是西泠印社真正的主人，一千年，有没有变?

我们还要做的，是证明一个荒野古渡如何变成中国文人精神的象征，就像一块石头，怎么变成了中国士大夫精神的一个孤傲的坚持。这个，在一百多年里，是否经历了很多变化。

我想告诉大家，孤山，何以不孤。

所以，《孤山路 31 号》要完成三重的叙述：关于湖的、关于人的、关于石头的……这就是孤山三章：“湖山记”“草木记”和“石头记”。

关于西湖，我找到了它的代言人，就是一只鸟和一枝花，不知道为什么杭州人最终选择了桂花作为自己的市花，它真的没有颜值，更没有气质，只有一种香艳，我想，这个和我们要表现的西泠精神是格格不入的。

我希望有一只鸟，它可以看见西湖一百多年的风景，看得见西泠印社115年的成长。这只鸟儿和梅花一起构成孤山气质的象征，也是中国文人风骨的一种特别的标识。

关于人，这是全部叙述的核心，我要写人，而不简单写事。

这是我们在2019年要做的系列纪录片的第二部，《西泠印社》。

我期待大家从影像中看见，孤山，何以不孤。

孤山不高，海拔38米，它代表的却是一种非凡的人格的高度。

孤山不孤，流水有痕。孤山望见了西湖的沧海桑田，也阅尽了无数的世事芳华。

山不在高，有人则名。孤山记录的千百年的君子风范，山高水长。

2017年6月28日，纪录片《西泠印社》项目正式启动，仪式在孤山北麓的中国印学博物馆举行。仪式之后，陈振濂先生即刻组织了包括吕国璋先生在内的社内各方面专家为项目推进出谋献策，此后还将他后来刊发在《人民日报》的《西泠“文化符号”构建之路》发给我们学习。两年多来，很多社员为这部片子从策划到执行提出了宝贵的指导意见。在拜访余正先生时，他还拿出自己多年精心整理的手稿供我研读参考。吴越、梁章凯等先生将自己珍藏的西泠前辈们的金石书画作品供我们研究拍摄。我的好友，艺术鉴赏家刘文胜先生为我的纪录片摄制提供了全程的帮助。《孤山路31号》在播出时有很好的口碑，得益于先生们的无私帮助。在电视文本成稿之后，王佩智先生在配音前还认真地做了至关重要的勘误。最令我们感动的是，93岁高龄的西泠印社执行社长刘江先生，应节目组的要求，为系列纪录片题写片名并篆刻“西泠不冷”，这些都成为片子中弥足珍贵的影像段落。

点点滴滴，我都铭记在心。只希望做更好的片子，以不负先生们的至诚用心。

完成了《孤山路 31 号》的播出后，我们的主要工作就是准备《西泠印社》。《西泠印社》六集，分别是“君子”“大师”“师父”“衣冠”“兄弟”和“刀法”。在策划和拍摄这部作品期间，我们花了差不多半年时间重新整理和充实文案和图片，希望图书版《孤山路 31 号》带给大家不同于电视的阅读体验。这个过程中，编导组葛临镫、孙宇铭和谢凯一协助我做了大量资料搜集工作，楼吟、汪莹暇、王安静和陈家熙在节目公众号“西泠不冷”中整理出来很多生动有趣的图片和工作写真。从《风雅钱塘》便开始合作的老友孔万杭兄专门为图书补拍了一些照片。西泠印社理事王佩智先生审看了部分稿件，从纪录片项目启动以来，他给我们提供了不可缺少的帮助。

在此，一并鞠躬致谢！

苏子云：孤山孤绝谁肯庐？道人有道山不孤。

孤山，是西湖边最小的一座山，也是西湖上最大的一块石头。西泠印社创社 115 年，而孤山，却已沧海桑田了千万载。云散云聚，潮落潮涨，万物谢了又生长。

孤山的故事，说不完。

许继锋

己亥初夏于孤山题襟馆

西泠
SEAL IN TIME
印社
六集系列纪录片
SEAL IN TIME

附录

一起去孤山寻宝吧

孤山路31号，是杭州的一个文化地标，也是中国读书人的一个人格地标。

今天，穿过孤山路31号这座月亮门，你看到了什么？你有没有看见白居易、苏东坡的竹阁，你会不会看到林和靖的梅花以及雪夜独往湖心亭的张岱……

也许我们什么都看不见。

1904年，清光绪三十年，西泠“四君子”丁仁、王禔、叶铭和吴隐于孤山结社，历115个春秋。今日我们一遍遍重访海拔38米的孤山之巅，寻得了什么？又失去了什么？2009年，“中国篆刻艺术”列入“人类非物质文化遗产代表作”。金石精神，对于我们今天意味着什么？对西泠印社，又意味着什么？与时间相比，金石不朽，但是，与金石相比，什么才有可能得到永存呢？

纪录片《孤山路31号》致敬西泠印社创社115年，致敬西泠人的文化坚守和信仰尊严。从1904年以来跨越百年的传奇历史里，在清末民初“西学东渐”的时代大变局中，“西泠印社中人”于金石甲骨间寻找中华文化源头，在世事纷繁中恪守君子风骨。《孤山路31号》要致敬的就是这种孤岛守望的卓绝精神和文化自信。

“一起去孤山寻宝吧。”

感恩孤山，感谢西泠印社。

许继锋

湖山记

——大型人文纪录片《西泠印社之孤山路31号》主题歌

词：许继锋
曲：王之一

用中国人的方式讲中国故事

周兵 & 许继锋

周兵

中国著名纪录片导演，代表作品《故宫》《敦煌》《台北故宫》等。

中国文人的主流价值观是高山流水、惺惺相惜。所以我们要从宇宙观、价值观去颠覆固有的纪录片美学观，完善我们中国人自己的纪录片美学体系。

周兵：《孤山路 31 号》我看过了，觉得很意外，您选了一个完全不同的表达角度，作品尤其是影像体系很有试验性。您能谈谈这部新作吗？其实在片子播出之前我就有所听说，为什么会未播先热？

许继锋：我觉得有两个原因，一是从 2017 年 6 月 28 日整个项目启动之时，我们就创办了公众号“西泠不冷”，这个新媒体宣传平台为《孤山路 31 号》聚集了大量的年轻粉丝。二是“西泠不冷”有几个意思，这个“泠”是“陵”的谐音，指小丘陵；还有一个说法，西泠之前是城外的一个山丘，苏小小的墓就在那个边上，所以又是陵墓的“陵”。这个地方之前不受关注，或者说很少有人知道这里藏着这么多人文内涵。《孤山路 31 号》播出以后，大家从影像上，到内涵上发现了很多自己曾经忽略的东西。在西泠印社 115 年的历程中，共有 7 位社长，吴昌硕、马衡、张宗祥、沙孟海、赵朴初、启功、饶宗颐，到现在为止它的入社条件还是很高。这是杭州文化的一个地标，所以我们是选对了一个文化大印。

周兵：您对纪录片创新有什么看法？

许继锋：现在咱们圈内圈外都在说“讲中国故事”，但有没有人想过用中国人的方式讲中国故事呢？事实上太少有人这样做，因为现在从纪录片教学、实践，包括评片，都是按照西方人给我们框好的标准在执行。什么叫真实、怎么体验真实、怎么评估它的价值，都是按照所谓“介入”和“旁观”这两大学说规范的，所有的体系都在这个系统里。

我想是时候改变了，按照我们中国人的宇宙观、价值观去表达中国纪录片导演的美学主张，去改变叙述方式。在《孤山路31号》第二集“草木记”中，我想表达的是除了吴昌硕、沙孟海、李叔同这些高贵灵魂，还有花鸟虫鱼、草木山泉。我们之前做过调研，孤山最早的一条锦鲤可能是俞樾先生放生的，我们在普查文物的时候，“文泉”意外地出现在了孤山草丛掩映之处，我觉得这就是西泠印社园林格局中最重要的第一眼泉。当时我就在考证，如果从锦鲤的角度来描述这115年，有没有可能性。后来我们发现，目前有记录的锦鲤寿命最高是活了225年，所以吴昌硕、李叔同、沙孟海来了又走了，但它们还在，于是便有了“草木记”的开头。

这个就是中国人的宇宙观，所谓天人合一、物我相生，像鲁迅先生的《从百草园到三味书屋》里，他每天可以和蟋蟀们、木莲们、覆盆子们道晚安。再大到宇宙，远到永和九年，我在7月28日，月全食那天，在西湖边摆了六个机位，用延时拍摄了整个红月亮穿越西湖的画面，我在想，当年王羲之在永和九年那天晚上发生了什么事情。王右军先生那天晚上发生的事情和今天在情景上、艺术坚持上和信仰上与我们有什么区别，我们选择一个特殊的角度，打开这个空间，我们认为一定有扇门可以帮我们进入那个时光隧道。我相信只要你找到它，其实并不需要过度运用高科技的手段去实现。现在西方的纪录片大量地使用CG技术去再现一些过去的历史场景，而我们基本都实拍。我们希望重现西湖上有鹤飞过的那个特殊年代，但现在这种画面只能靠CG技术去实现。其他像锦鲤、红月亮掠过西湖的天际都是用实拍，我们不需要用后期过多去干预，这个就是一种视角的改变，也应该在纪录片影像体系中导入我们中国人的宇宙观与视角。

周兵：昨天我看了张以庆的《君紫檀》，我觉得特别好，您和张以庆客观讲都代表着一种文化觉醒。张以庆是希望用自己的视角或者说是中国人的艺术表达，他说要推开五千年的那扇门，您这个做法跟他有点类似。

许继锋：从整个故事动机的逻辑上来看也是合理的。1904年“四君子”成立西泠印社，1919年五四运动，像李大钊这样的先进思想者们，他们高举民主与科学的大旗在西方社会找中国社会未来的答案。在整个社会“西学东渐”的背景下，“四君子”他们选择逆流而上，在青铜器和甲骨文里找中国文化最核心的部分，那时候甲骨文才刚发现，这是中国文化区别于其他民族最核心的东西，这才是我们真正的文化自信，所以为什么他们有价值？他们不是往后退，他们是往前进的，很积极的。他们觉得在这个时候我反而要坚守自己民族的东西，要坚守自己文化最有价值的东西。所以我们现在来探讨那种精神，有时候可能会觉得这种生活离我们很远，但我想通过一个媒介告诉大家，很多东西就在你身边。西泠印社孤山上，文泉里俞樾放生的那条锦鲤还在，这个时空还在影响我们生活，只是你平时没有发现。从纪录片实践的角度来讲，我们现在需要舌尖的诱惑、烤串的人生，那你需不需要精神的沐浴呢？你发现的这个精神上的真实，是不是一种真实？

我这次也是第一次用情景再现，我更想将它命名为精神再现。我们可以找到自己内心最有价值的部分，信仰有尊严的部分。因为“印”跟人的信仰有关，跟人的精神标识有关，这才是真正精神层面的东西，所以我想把那个精神空间打开。我们现在都说纪录片是社会的一面镜子、社会的语言，很精准。但是我认为纪录片是双面镜，有时候它照见的另外一面的东西，恰恰可能是我们会忽略的，但其实它才是我们整个世界真实的全部，我们现在做的可能是把真实的某一部分剥离开，但它不是真实的全部。当年你拍《故宫》时用了很多延时技术，让大家看到在纪录片创作上新技术的魅力与空间，但后来很多人用延时等外在的技法把片子撑得很满，我觉得这个过了，这个还是不是你要的东西？咱们不要说初心，起码做一个纪录片导演，还是应该要有自己的想法、坚持。西方人把世界分成物质和精神两个部分，唯心哲学、唯物哲学把整个世界劈成两半，中国人从来不是这么认识的，我们是物我两忘，是可以天人合一的。按照经典的纪录片分类可以分成人文纪录片和自然纪录片，但是在中国人的视野里，你说鲁迅的《从百草园到三味书屋》是人文的还是自然的？它是浑然一体、物我同频的。我们学了西方的东西，却忘了自己的。所以我们应该觉悟，要用中国人的美学主张讲中国故事，而不是只能够依赖西方人的方式。

包括价值观，西泠印社115年历史，没有社长的时间比有社长的时间长。为什么呢？我们现在说文人相轻，其实这个不是中国文人的主流价值观。中国文人的主流价值观是高山流水、惺惺相惜。所以我们要从宇宙观、价值观去颠覆固有的纪录片美学观，完善我们中国人自己的美学体系。杭州孤山是一个文化高地，孤山海拔只有38米，但它里边积淀的东西太多了。整个片子的slogan叫“一起去孤山寻宝吧”，因为南派三叔的《盗墓笔记》里，吴邪的店就在西泠印社边上，我说带你们到孤山寻宝，里面真的有很多宝藏。这个宝藏不光是那种看得见的，还有很多看不见的，所以希望这次把那些看不见的东西展示给观众。所有的思考最终都需要靠影像来表达，所以影像上花了很多时间，有很多纪录片同行说我们很任性，三集做了三个大片头，一镜到底。

现在到孤山如果走马观花、浮光掠影的话，你看不出来任何东西了，很多人到楼外楼吃杭州美食，然后到西湖玩，在月亮门拍个照就走了，根本不知道这里面到底藏了多少故事。所以南派三叔说孤山里面有宝藏，是对的，但这个宝藏需要人带着去找。

——文刊公众号“爱上纪录片”

在美到窒息的画面中看见一百年前西子湖畔的那群青年

GZDOC & 许继锋

杭州，除了蒙蒙细雨，小桥流水，江南最美的烟雨画卷，你还能想到什么。

杭州，有家喻户晓的三绝：孤山不孤，断桥不断，长桥不长。

被誉为“天下第一名社”的西泠印社，就坐落于西湖景区孤山南麓。

2018年11月14日，许继锋执导的纪录片《西泠印社》将在浙江卫视播映，而公众号“西泠不冷”作为《西泠印社》的新媒体宣传平台已先行在网络上走红。

日前，“西泠不冷”在微信端发布了三组海报，揭开了纪录片《孤山路31号》的神秘面纱，制作精美、风格冷艳的海报紧紧地吸引住观众的眼球，引起了广泛关注。

一百多年前，一群志于弘扬和发展中华文化的青年结社于孤山南麓西泠桥畔，“人以印集、社以地名”，取名“西泠印社”。

建社至今，有多少文人骚客在这里挥洒豪情，留下墨迹。他们曾经在西泠印社留下了关于岁月的痕迹和人生的感悟。

本期访谈，将带领你跟着许继锋的步伐，看一位人文纪录片的导演是如何记录文人们的风月逸事；看他如何在新媒体发展的浪潮

GZDOC

中国（广州）国际纪录片节，创办于2003年。《孤山路31号》总导演许继锋担任2018广州纪录片节评委和提案决策人，许继锋在纪录片节论坛上提出“以中国美学主张讲述中国故事”引起广泛关注。

中，带领着自己的团队，力创新高，打破观众对纪录片的固有印象，开创人文类纪录片的全新模式。

关于丨许导和他的“西泠不冷”

GZDOC ：了解到您带队拍摄的《西泠印社》系列的《孤山路 31 号》将于 11 月中旬在浙江卫视播出，可否简单介绍一下《西泠印社》系列纪录片？

许继锋：西泠（líng）印社，创建于清光绪三十年（1904），是海内外研究金石篆刻历史最悠久、成就最高、影响最广的国际性的研究印学、书画的民间艺术团体。

《西泠印社》计划分成两季制作播出，第一季预期在西泠印社创社 115 年的时间节点，11 月 14 日与大家见面，第二部会在明年五四运动一百周年的背景下跟大家见面。主要是探寻解读西泠金石精神，看看 19 世纪杭州的年轻人怎么选择自己的生活和信仰。告诉大家，西泠印社何以能够成为天下第一名社。

GZDOC：您为何将《孤山路 31 号》作为这个系列的首部作品？

许继锋：是为了培育一种全新的语感。《西泠印社》是传统经典文化的代表性文本，这个文本需要找到适合现代传播语境的纪录片语态。我们之所以把这部片子命名为《孤山路 31 号》，是希望激发一种让大家亲近、探寻、了解这个文化地标的欲望。所以，我们节目的 slogan 也叫“一起去孤山寻宝吧”，导演希望带领大家去孤山寻访一段被岁月掩埋的世纪传奇。

GZDOC：您之前拍摄过多部人文纪录片，请问这次《西泠印社》系列纪录片跟之前的相比有什么不一样的地方？做了哪些突破性的挑战？

许继锋：首先我希望能够模糊传统的媒体和新媒体之间的界限。

所以这个项目从 2017 年 6 月 28 号启动开始，公众号“西泠不冷”就已经跟大家见面了。我在尝试用一种很特殊的方式，跟我未来的观众进行互动。

第二个就是打破人文纪录片和自然纪录片之间的界限。让观众知道，西泠印社不仅有“四君子”、吴昌硕、李叔同、沙孟海等高贵的灵魂，还有栖息在这里的花鸟虫鱼，草木山泉，他们其实是一个相互见证，相互涵养的生命共同体，我想选择一个特别的角度去打开这个时空，去讲述这个故事。

关于丨他和他的纪录片

GZDOC：请谈谈您对人文类纪录片拍摄的一些心得。

许继锋：人文类的纪录片，需要创作者本身具备对人文历史有很强的阅读能力，同时选择一种独特的表达方式。在叙事上、传播上注重当下性，要注重和年轻人的情感实现互动。我想把《西泠印社》做成一个具有实验意味的作品，设计与探寻金石文化的精神空间相应的叙事格局。动用以往纪录片创作过程中没有用过的手段，使整个影片在视觉上具备一种强烈的陌生感，给观众一种不同以往的视觉体验，让大家看见一种日常看不见的真实。用一种特殊的视角，使孤山的整个生命体系能够找到一种表达自己的一个机会，来实现西泠文化更有意味的深层解读。

GZDOC：您心中好的纪录片是什么样子的？

许继锋：纪录片的核心是真实，而且可以抵达人的情感深处！所以好的纪录片是一个双面镜，一方面让我们看到了真实的世界，另一方面又照见导演真实的内心，看到导演的自我个性表达，以及他的职业信仰，他内心所坚持的价值观。

GZDOC：您对纪录片未来发展有着怎样的预期？

许继锋：现在纪录片的形式越来越丰富多样，这给很多人创造了发现世界、记录事实、表达自我的机会。也就是说随着记录手段的进化，纪录片人和公众生活之间的边界被打破了，大家都在记录现象，大家触及现象的机会越来越多，但是有时候，我们却离真相越来越远。有时候我们可能会把事实的碎片，当成是事实的全部。这是我所担心的一个问题，有时候它会制造一种幻觉。所以需要我们去厘清纪录片表达的逻辑，构建起纪录片生产的完整体系，优化纪录片的整个生态系统。同样，我们现在离世界越来越近，世界越来越小，但是，我们会不会离内心越来越远呢？

优化纪录片行业生态系统

许继锋：广州国际纪录片节已经延续了十几年，它已经成为中国纪录片人的一个精神的高地，具备良好的平台效益。它有一个很大的特点就是它的开放性，对整个中国纪录片生态的优化会起到很好的推动作用。

就我个人而言，我还是希望教学能更多地和实际创作相结合，首先要培养学生阅读世界的能力，当然这是一种综合的能力。我们不光要培养学生们制作纪录片的技能，更要培育他们的纪录片思维，激励他们个人独特的影像表达方式。

我一直以为所谓新媒体与传统媒体是一个相对概念，我很相信，只要方向正确，你就是新媒体。没有天然的新媒体人，也没有永远的旧媒体人。从现实来讲，我们现在说的新媒体，是指大量在网络平台上出现的影像产品。新媒体最核心的特点在于它的用户意识和跨界能量，以及强大的学习能力。近几年某些互联网产品学习并复制了传统电视机构制作内容的优势，它们的影响力甚至超过传统电视机构生产的产品。还有新媒体的变现能力和营销模式，它能够快速地把大数据运算的结果变成自己获得影响和盈利的方式。这些是传统电视机构可以借鉴、学习的地方。

但是，从整个大格局来说，传统媒体和新媒体相比，在纪录片的内容生产上仍然不处弱势，我们看到的一些所谓爆款纪录片或者网络综艺，其生产流程仍然是传统电视人制造的背景。只不过我们需要改变思维方式和经营模式，增强用户意识，培育自己的产品在市场上的变现能力。制作纪录片也是如此。可能国内的很多电视台，在节目版面上看，不是将纪录片作为最大体量的一部分，所以我们在内容生产上的优势还无法完全释放。但是如果能转化纪录片的生产和传播模式，仍会有新的契机。事实上，这个机会已经出现了。

——文刊公众号“广州纪录片节”
2018年11月1日（衡畅　余艳琳）

仿大清邮政
中国印文化
二〇一八年元

这是一个积水成河的过程

IDF & 许继锋

IDF：您认为纪录片对公众有什么样的影响？

许继锋：我觉得这句话应该倒过来理解，公众对于纪录片的创作来说可能越来越重要了。在当下以互联网为主的传播语境里，公众对纪录片人的作用越来越大了。因为许多有社会价值的纪录片题材，许多原来没被大家关注到的、具有特殊意义的题材或角度被公众挖掘出来了。其次，随着媒介的发展、社会的进步，记录的手段也逐渐多样化。许多公众拿起手机就可以拍。因此公众的记录与纪录片人的记录发生了许多重叠，这个专业的边界被打破了。但我认为公众的记录，不是我们所认为的纪录片。第三，我认为公众挖掘的现象越来越多，反而容易导致我们离真相越来越远。对于这一点，纪录片人应该保持警惕。

IDF：公众的记录与纪录片人的记录有什么区别？

许继锋：首先，公众的记录是碎片化的。它的诞生可能仅仅基于公众当下的情感体验和强烈的表达欲。而纪录片人的创作，尤其是许多西方同行的作品，往往经历了周期较长的前期调研，甚至比纪录片的制作周期还要长。这种投入与整个创作所投入的资本是对等的。而相对来说，国内的纪录片制作可能偏重于创作过程，他们的制作周期比较饱满。因而公众的记录大多是即时的、碎片化的，而纪录片人会在接触到现象之后，不断地挖掘其背后的事实，直至找到事实的全部。

IDF：纪录片的目的是让公众离真相更近一点吗？

许继锋：公众往往会聚焦于现象，认为那就是真相的全部。但真相有完整的逻辑，它不是一个水滴，它是一条河流。我们做纪录片，就是要把整条河流呈现给大家。哪怕只是一条小溪。

IDF：在您心目中好的纪录片有什么样的标准？

许继锋：每个人都有自己的标准。不同类型的纪录片也有不同

IDF

西湖国际纪录片大会 West Lake International Documentary Festival（简称“IDF”）是由浙江省新闻出版广电局与中国美术学院联合主办的国际专业纪录片盛会。大会以“I Documentary Fact，我纪录事实”为学术宣言，倡导纪录片回到真实本源，回归人文关怀的正能量价值观，是集纪录片评优、创投、展映、论坛、工作坊于一体的高品质、小而精的纪录片学术平台。第二届西湖国际纪录片大会定于 2018 年 10 月 18 日（周四）至 20 日（周六）在杭州西子湖畔中国美术学院举行。

的宗旨和主张。但有一些标准是共通的。纪录片首先要真实。事件本身是真实的，由纪录片反射出来的导演的内心也应该是真实的。而，每个导演具有不同的修养，这决定了他们各自不同的纪录片语言。我们会发现很多导演可能原本没有接受过专业训练，但他选择了一种与众不同又十分令大家喜爱的表达方式。因此，我认为好的纪录片没有一个刚性的标准，但一定要反映真实的世界。这是纪录片导演的职业信仰。

IDF：那么，您认为一个纪录片工作者应该具备什么样的专业素养?

许继锋：专业素养是可以训练的。当然，国内、国外的训练方式不太一样，因而往往最后的作品形态不尽相同。但作为纪录片工作者，他最关键的素养应该是他观察、阅读社会的能力和选择纪录片语言的独特性。这才是决定一部纪录片价值的因素，也是专业素养中最有价值的部分。

IDF：您创作《西泠印社》的初衷是什么?

许继锋：大家都知道，杭州风景有三大绝——孤山不孤、长桥不长、断桥不断。我希望用“西泠不冷”来构建杭州的第四大文化奇观。它的整个基础搭建在西泠文化辉煌的115年的传统上。在这部片子中，我想模糊两个创作的边界。一个是传统的电视台创作模式和新媒体创作模式的边界。我在“西泠不冷”节目启动以后，做了一个同名公众号，把我的整个拍摄过程拿出来与公众互动，在这个过程中我也积累了很多未来的“粉丝”。这是一个界限的打破。另外，我也希望能够打破人文纪录片与自然纪录片的界限。纪录片有许多类别、题材的划分，但世界不是这样划分的。一个空间里往往同时存在着许多人文的内容和自然的内容。就像鲁迅先生的三味书屋，你现在仍然可以找到跟他道晚安的那只蛐蛐儿。所以吴昌硕先生来了、走了；沙孟海先生来了、走了；但是山上的梅花还在，山上的苔藓还在，山上的所有花鸟虫鱼，他们的整个“家族”还生活在孤山。他们是孤山的另外一个主人。它们可以告诉我们孤山的整个生命体系没有中断。它们也是我纪录片叙述的主角，是我关注的一个焦点。我希望我的纪录片能够实现表达方式的突破。

IDF：那么您拍《西泠印社》，想表达什么样的精神?

许继锋：最核心的就是西泠精神，也就是所谓的金石精神。我想告诉大家，19世纪杭州的那些富二代，19世纪的“80后”，他们选择了怎样的一种生活，他们坚持的是怎样的一种信仰。19世纪末，由于甲午海战的战败，整个中国社会沉浸在非常消极的气氛里。后来就有许多知识分子,高举着“民主”与“科学”的旗帜，发起了五四运动。他们希望向西方学习，甚至提出了“打倒孔家店”的口号。而《西泠印社》所讲述的“四君子”，他们不这么认为。他们在青铜器里、甲骨文中，找到了中华文化的精髓，找到了传统文化中值得我们坚守的部分。所以，在一百年后的今天，我们发现他们坚守的这些东西是我们中华文化最核心的部分，是我们的民族文化与精神之源。今天我们谈文化自信，我认为这才是我们文化自信的根源。不管多少年下来，我们都应该在这里边找到自己的精神营养。

IDF：西湖国际纪录片大会的宣言是“我纪录事实”，您怎么看待这个宣言？

许继锋：首先，我认为“我纪录事实”，是每一个纪录片工作者共同的信仰。常有人言“纪录片是世界的一面镜子”，如果这个命题成立的话，它准确的表达应该是“纪录片是世界与导演内心的一面双面镜”。这个双面镜，不仅照见了一个真实的世界，同时也照见了导演真实的内心。

IDF：第二届大会的主题是“世·界”，您如何理解这个主题？

许继锋：我记得第一届的主题是“事·情”。对“事·情”的解读，我认为是通过挖掘现象，找到人们内在的精神空间，用这种精神空间的巨大能量去感染人。我认为这个过程是向内的，它更体现了我们东方文化中对内在涵养的诉求。

而这一届的“世·界”，在我的理解中是要求纪录片工作者从发掘事实本身出发，去突破某种界限。这个格局是向上的、向外的。它可能要求我们在向外开拓的同时，也向更高的精神高地攀爬，从而有一些更好地实现、有更好的一种到达。

——文刊公众号“西湖国际纪录片”
2018年10月18日（陆芳）

西泠不冷

杨劲松

杨劲松

影视策划人，香港《大公报》专栏作家，电影《芳华》文学策划。

第一次听到“西泠”这个词，还是童年看香港电影《三笑》，秋香陪老夫人水上江南，美景如画卷展开，“好一个西泠，好一个洞庭，参罢那个灵隐，转回苏城”，秋香到虎丘拜云岩神时，便发生了与唐伯虎的三笑奇缘。西泠给我儿时印象便是这种与爱情相关的美好，千载芳名留古迹、六朝韵事着西泠，这西泠因南朝名妓苏小小流芳百世，她生于此、死于此、葬于此，西泠桥畔，苏小小墓最为显目，与之相伴的苏曼殊墓，西泠桥对面的秋瑾墓，相对而言都很低调。苏小小的著名，与各代文人墨客对其念念不忘有关，从白居易、袁枚到余秋雨、曹聚仁，都将她歌咏著文，她成为对峙文人传统语境的茶花女式的唯美主义者。林和靖将西湖之美寄托于梅花与白鹤，苏东坡则衍化成诗文、长堤与红烧肉，小小却将其融入自我生命，尽管她的生命非常短暂，一场风寒就终止了她的一生。

苏小小的年代，西泠桥畔就是市郊，墓地众多，可能地皮不值钱，所以清末盛宣怀在西泠买了块地，打算盖所家族宗祠，那块地买完就被闲置了，等到想起来打算破土时，发现那块地已被一群搞金石篆刻和书法的文人侵占，盛家将其告上法庭，庭上得知文人占地不为任何私利、只为艺术共产共享，盛宣怀慷慨将此地捐出，成就了如今闻名海内外的西泠印社建社之初的这段佳话。

“西泠不冷”，这是浙江卫视正在进展的关于西泠印社影像记录文化活动的名字，西泠的“泠”常被人误读成“冷”，“西泠不冷”除了明确指出二字的差异外，或是指西泠印社这一东方传统文化不会被冷却，会以一种热度影响当代人。这四字挺拗口，非西泠印社自身文化核心的总结。网络文化确实将形似或音近的错别字，将错就错成了网络语言的约定俗成，“西泠不冷”，正是在“泠冷”分不清的游戏心态下的一种宏大叙事的企图。

——香港《大公报》2018年10月31日

纪录片的口述文化与影像宗教

何鑫业

何鑫业

诗人、作家，有诗歌理论《召唤，蒙难，语言的秘密》、生物学小说《人，或化学元素乔》。

孤山路31号

打开交互网络电视的纪录片分类，我们可以在与 Discovery、BBC、国家地理、CCTV9 并列的“高分排行”项中看到，《孤山路 31 号》已然和豆瓣评分最高的《王朝》《蓝色星球 2》《地球脉动》以及陈晓卿呼声极高的《风味人间》排在同一个梯队，成为 2019 最具影响力的纪录片。那么，作为纪录片，《孤山路 31 号》在影像学以及文字阐释学上究竟是个什么东西呢？它的不被万计的纪录片合并同类项的那个东西究竟是什么？

很显然，亦显而易见，我以为是两个东西。一个是口述文化，亦即它的叙述口吻，另一个是影像宗教，亦即它的极端影像。

下面先说《孤山路 31 号》的口述文化。

孤山路31号的口述文化

中国的纪录片，从《话说长江》到《故宫》到《大国崛起》，再到《舌尖上的中国》到《风味人间》，都是一种叙述口吻，一种语态，一种人称。那就是“我”和“我们”，那就是“我说”和“你听”。而，《孤山路 31 号》不是，《孤山路 31 号》的口吻是沉思，而不是诉说。《孤山路 31 号》的人称，既不是第一人称，也不是第二人称，它的人称是多变的，是随着影像的“长廊”“移步换景”和“情随景变”的：

“那时，我是一条锦鲤。在我目送他们远去之前，他们中间领头那位先生，用毛笔书写下‘文泉’两字。也是他，亲手把我放入这池碧水。在你的年历里，那是 1885 年。”

这是第一人称。

“你题写这个巨大的‘神’字，是希望表达怎样一种景仰？”

这是第二人称。

“他从梦中惊醒，窗外明月高悬。月影里，他仿佛又看到了乱世中早逝的未婚妻。……秋雨如愁的四十岁，他就梦见过她。这次他决定付之行动。‘流水今日，明月前身’，……因着这场梦，他刻下一枚印章。”

这是第三人称。

对于这，许继锋称之为“解说为‘散点影像’服务”，我则称之为口述文化在纪录片中的建立和出现。

法国新小说派鼻祖罗伯·格里耶在小说《橡皮》里，也是用不确定人称的客观语言（旁观者语言）写小说的：“你把脚搁在光溜溜的铁皮车厢上，你用左手抽烟，你敲着玻璃烟缸，……你习惯了那些外省女士们热辣辣的眼神。”

再看《孤山路 31 号》：“你把孤山行宫内的藏书楼，改建成了文澜阁。你大概是期望自己所尊崇的文化典籍在江南广布流传。”

两者何等相像。

孤山路31号的语态与梦境

散点影像，亦即我们常说的区域影像、容器影像。西泠印社 115 年，人物颇多，执牛耳者众，且又千人千面，繁花似锦，甚至神人交错，或幻或真。只有灵动的影像、梦幻的语态、迭代的梦境还原，方能游刃其间，方能“怵怵乎，……视为止，行为迟。动刀甚微，謋然已解，如土委地”。

接下来我要说的是，好的口述文化其实就是一种语态与梦境的重建：

“我还记得那年秋天，……他们饮酒，他们微醺。他们走入庭院，陶醉于诗文歌赋。树影婆娑间，琴声响起。我是白鹤，生而就会起舞。我俯瞰庭院，那两个知己，轻倚古松，仿佛忘言。”

这时候，琴声响起，梦境出现，纪录片中白鹤掠过整个画面——时间和空间同时被摄像机镜头绑架的当代纪录片，如何转述一具具有 115 年历史的伟大的金石物象？如何再现？如何还原？在梦境中，一切，似乎已经不言而喻，一切，似乎已经迎刃而解。

“在水中，我曾见过一片残荷。我知道你会在历史书中找到答案。1861 年到 1864 年，太平天国二进杭州，火烧了孤山。”

“我们看到石之实相，也看到石头背后的文脉力量，……孤山之上，一个百年名社，盛衰浮沉，跌宕起伏，回望一个多世纪，印石中幻化乾坤。”

这时候，画面中，鱼洄游，旧人旧貌出现，一片残荷的最高象征——抱残守缺的中国文化的隐喻，它的三个属地：西泠桥、孤山、孤山路 31 号——作为精神流浪者的栖息地，似乎已经得到了诠释。

纪录片，究竟是一只容器叙事，还是多只容器叙事，究竟是一口甏装东西，还是多口甏装东西，究竟是一条船顺水而下，还是多条船逆流而上。《孤山路 31 号》似乎作了明示：好的纪录片不是一条船，好的纪录片是一个船队，而且，好的纪录片也是厚德载物，厚德才能泱泱乎，宽宽乎，才能“以无厚入有间”。

玛格丽特·杜拉斯在电影《广岛之恋》脚本中有一句名言：“口吻即事实，口吻即场景，口吻即还原。”也就是说，你能记起它的口吻，你就是在场者；你能说出它的口吻，你就是当年场景中的一草一物；你能还原它的口吻，你就是月黑风高的黑衣人，飞檐走壁，破了此话语悬案——具有 115 年光阴的西泠印社，岂不就是一文化悬案——《孤山路 31 号》，显然是破了此悬案的：

“那些思念，那些送别，那些传承，那些虔诚，那些仪礼。有形的，散做宇宙微尘；无形的，再成万千因缘。”

“我见过这个墓园的主人，他是个诗人，后世称他和靖先生。那是北宋年间，我不知道他是因为怎样的原因隐居孤山。那时的孤山，草木茂盛。”

纪录片主观语言向客观语言的转变，目击者语言向旁观者语言的转变，目睹者语言向恍惚沉思者语言的转变，这就是《孤山路31号》的口吻，也是新纪录片作为文化的筛存者和见证人的新口吻。

孤山路31号的影像宗教

说影像宗教，就不得不说一个所有历史纪录片面临的问题，即：时空的再现与时空的创造。

因为，一切技术的长足进步，4K的运用，延时与显微摄影，无人机的运用，后期无限度调色（色饱和度），红外影像，等等，统统解决不了时空的存在问题。所以，时间空间的还原，成了所有“非此刻主题”纪录片的难题。这时候，极端影像出现了，它包括：非常规拍摄影像、非真相影像和可操作影像。其中，非常规拍摄影像指的是《路边野餐》类的长镜头和无人机低高空影像，非真相影像就是前文说到的语态和梦境的再造，而可操作影像则是指《指环王》那样的后期影像——在《孤山路31号》中尤其表现为“后期无限度调色的色饱和度”和“反转色”以及“色差度”。

姜文在电影《邪不压正》中，在回溯旧日民国的北平时，也用了同样的极端影像——1937年的前门大街。

在长达115年的时空里，坚持客观影像，还是主观影像，是资料还原，还是情景还原，甚至，抑或是梦境还原。《孤山路31号》显然坚持了主观影像，坚持了精神的还原，而非形式的还原：

时间与空间的再造中，白鹤仙至，便是一例，锦鲤的出现，便是又一例——它们的技术指向是“非真相影像中的语态和梦境的再造”；时间与空间的再造中，梦境般的旧孤山、旧西湖的出现，便是一例，水下金石与水下残荷的出现，便是又一例——它们的技术指向是“红外影像下的色差度和色饱和度”和“接近显微摄影的水下红外拍摄”。

有言谓之，世间万物，极端即宗教，极致即宗教，细思极恐的还原本身就是一种宗教：

乾隆的龙袍踱下石阶，长足的白鹤仙至。它昂首阔胸，它舒缓，它翩翩然，它告诉世人，它，非常物——此后，白鹤作为孤山的一种象征，贯穿了整个纪录片。而，第一人称的锦鲤，则直接作为目击者和呈堂供词，向我们提供了来自现场的第一证人的文化证言：

西泠印社百年，它是作为昭示人类存在的最高价值存在。文化，作为永不降解的亘古物质，自《诗经》以来，在人脑的高贵储存区始终是一种永恒的遗尘。具有115年光阴的西泠印社，就是一文化切片，它有别于其他万物的存在要素是：它是现实与非现实之和，它也是生存与艺术之和。

锦鲤同学，它是诗，它是梦，它，是宇宙间的一粒尘埃，三生三世中的第八罗汉。在纪录片《孤山路31号》中，锦鲤同学，它是深知“菩提本无树”的，但，它仍然“心如明镜台”，它说的每一句话都是偈语，成为了解析西泠印社百年大梦的俳句，它向我们证实：

纪录片本身就是一枚印章，它起于金石，

继于镌刻，最后用艾绒、麝香和朱砂，记录、钤印了一种叫哲学、文学以及影像学的合体。

它向我们证实：

《孤山路 31 号》，可能就是月黑风高的那位黑衣人，它飞檐走壁，它鳞潜羽翔，它云腾致雨，露结为霜。最大的可能是，它，已经破了此 115 年的文化悬案。

孤山路31号

观点

与一百年前的眼神来一次穿越时空的对话

庄小蕾 《钱江晚报》 2018 年 11 月 15 日

《孤山路 31 号》采用的影像系统特别复杂，里面各种时态都有，有过去时，过去进行时，现在时，现在将来时，各种拍摄状态都要融合成一种特别新鲜、特别舒服又统一的色调，《孤山路 31 号》对于“情景再现”，总导演许继锋之前一直是拒绝的。但这一次，他却让情景再现出现在了《孤山路 31 号》中，而且，是那样的诗意、遥远、妥帖。

“这次的情景再现，跟之前那种比较现实的再现可能不一样。大家可以看到我们不是在重现故事，而是更多地在刻画人物的精神，再现那个时代的精英的精神状态。他有可能微微地抬头，然后有那种凝视的眼神。那种自信那种温和，那种谦谦君子之风，那种感觉就好像，你可以透过他的眼神，跟他来一场穿越时空的对话。”

《孤山路31号》是一个天人合一的瑰丽秘境

余夕雯 《都市快报》 2018 年 11 月 16 日

打开“西泠不冷”的微信公众号，最新发布的三组冷艳海报，揭开了纪录片《孤山路 31 号》的神秘面纱，高颜值的画面，美得可以直接拿来当桌面壁纸用。

这次的纪录片有了一个新鲜的视角，很明显，摄制团队不想重复前人讲述西泠印社纪录片的拍摄手法。

许继锋把孤山比作鲁迅笔下的三味书屋和百草园，一草一木都是西泠文化的生命共同体，他想要让观众知道，西泠印社不仅有“四君子”、吴昌硕、李叔同、沙孟海等大贤大德，还有栖息在这里的花鸟虫鱼，草木山泉，这是一个天人合一的瑰丽秘境。用自然世界的真实去触摸艺术和人性中最纯粹的部分，去探究一块块石头，是怎样成为中国士大夫精神一个孤傲的坚持。

《孤山路31号》打开了一种“看不见的真实”

庄小蕾 《钱江晚报》 2018 年 11 月 29 日

《孤山路 31 号》希望能用一种不同以往的试验性影像，打开一种“看不见的真实”，打开蕴藏在西泠山水金石间的“精神信息”。

“我们说的‘湖山关系’，讲的就是山水之间很微妙的关系，以及它积淀的一种精神信息。”

就像解说词中说的那样，“你既然聆听过它的故事，我知道，它从来不曾孤独”。

从吴昌硕到李叔同　这个院子里竟然藏着这样的动人故事

刘晶　《纪录中国》 2018 年 11 月 28 日

《西泠印社之孤山路 31 号》在浙江卫视播出，收视率持续上升，甚至超过了周末黄金时段的《风味人间》。片中很“仙”很梦幻的唯美画面惊艳了观众，赢得了不少赞誉。

“石头记”作为《孤山路 31 号》“湖山、草木、石头”三部曲的收官之作，除了依旧可以看到美到窒息的唯美影像外，必须划重点的是，这一集的信息量很大。

“中国人相信石头里隐藏了一些特殊的生命信息，能在天人合一的境界里去寻找永恒。”总导演许继锋透露，在“石头记”这一集，你将会看到石头背后的文脉力量，这力量自始至终陪伴着西泠印社走过了 115 年。

“石头记”用了一个特别的情景化切入方式，打通现实和精神空间的穿梭隧道，来讲述吴昌硕的一生。作为西泠印社第一任社长，吴昌硕的人生，留下“诗书画印四绝”的响亮名声，更有不少藏在作品里的动人故事。有一方“明月前身”章，是吴昌硕 65 岁时梦见他早逝的未婚妻章氏后刻的。一面是一幅仕女的背影，一面为有格朱文款，3 行，每行 6 字，文曰：“元配章夫人梦中示形，刻此作造像观，老缶记。”拍摄这场戏，是在余杭超山。许继锋说：“到了现场，我们才想起来，超山其实正是吴昌硕人生的最后归宿地。吴昌硕的四世孙吴超老师，拍摄当天晚上就带着珍贵的‘明月前身’原章前来现场指导拍摄，这是十分难得的缘分。”

除了吴昌硕，在“石头记”里，弘一法师李叔同是另一位重要的出场人物。在西泠印社山腰，沿鸿雪径台阶往上的石壁上，嵌有“印藏”的石匣。在这个布满青苔的石匣里，就藏着李叔同赠 93 枚印与西泠印社的故事。

孤山虽然海拔只有 38 米，但它的精神和文化内涵却很深远，这么一座小小的山，也可以说，它是西湖上最大的一块石头，成为中国近现代文化史上仰之弥高的艺术巅峰。总导演许继锋说：“《孤山路 31 号》共三集，第一集我们讲湖山传奇；第二集是草木记忆；现在第三集我们想说说金石上的情感故事，还原了一个有故事有剧情的西泠印社，映射镌刻于民族内心的精神追求和文化自信。”

纪录片如何打通屏障

贺林平　《人民日报》 2018 年 12 月 21 日

孤山是杭州西湖边的一个小景区，当浙江卫视总编室副主任、纪录片导演许继锋将镜头对准它时，从没指望靠它引发一场围观奇迹。

11 月 14 日，《孤山路 31 号》在浙江卫视首播，随后移步网络和新媒体平台，收视热度、口碑一路飙升。最后一集“石头记”于 11 月 28 日晚收官，引发一众网友伤感：“有点不敢看，生怕一下子看完。”

日前在广州落幕的中国国际纪录片节，许继锋分享了拍摄《孤山路 31 号》的故事。这部人文历史纪录片，拍摄团队主力是“90 后”，播出时也抓住了相当多的年轻观众。“项目启动第一天，我们就开通了公众号‘西泠不冷’，整个拍摄过程中，很多年轻粉丝给了批评、建议。我们打破了传统人文纪录片和自然纪录片的界限，以花鸟虫鱼为讲述主角，这种叙事视角的改变，得到年轻人的积极响应。”

纪录片刚晋升收视热点，就迎头碰上席卷而来的互联网和新媒体浪潮，从电影、电视到网络，从大屏、小屏到移动屏，转型的过程充满困惑和挑战。如何应对传播的新形态与新模式？正如许继锋等与会纪录片人所言，记录时代变迁的纪录片，本身也在变。

纪录片从大屏幕到移动屏，并不是简单的地点迁移，纪录的边界和手法也因为媒介的改变而被打破。正如总导演许继锋在讲完《孤山路 31 号》的故事后所总结的，新媒体的主力受众是年轻人，纪录片要想在新媒体上走得好，一定要“抓住年轻人”。

碎片化、短平快的传播方式，会让有内涵、有深度的纪录片变得肤浅、快餐化吗？

讲述中国故事要有中国美学主张

王堃　章翔　《人民网》人民舆情频道　2018 年 12 月 21 日

近日，在中国（广州）国际纪录片节“当纪录片遇见融媒体的跨界发展”论坛上，浙江卫视总编室副主任、纪录片《孤山路 31 号》导演许继锋与其他 5 位制作人围绕“走在融媒体道路上，各媒体平台如何用影像讲述人生，传递积极的价值观”这一主题进行了探讨。

许继锋认为，讲述中国故事要有中国人的价值观和美学主张，建立中国人自己的纪录片美学体系。

《孤山路 31 号》播出以后，受到越来越多观众的喜爱。其播出期间，在周三晚间收视率甚至超过周日晚间黄金档播出的《风味人间》。许继锋说，团队创制《孤山路 31 号》时有一个大的策略安排——希望片子“打破三个边界”。“首先，重视融合传播，纪录片启动首日即开设微信公众号，强化观众互动，以打破电视媒体和网络媒体的传播边界；其次，第二集‘草木记’选择花鸟虫鱼作为叙述主角，实现‘天人合一’式的空间构架，尝试打破人文纪录片和自然纪录片的边界；第三，影片拒绝把孤山的影像分成截然不同的‘两个世界’，而是打破物质空间和精神空间的边界，为观众打开一个看纪录片的新方式。”他介绍道。

许继锋表示，对于纪录片创作，纪录片人已经有了一个共识——要讲中国故事，讲好中国故事。但是，如何才能讲好中国故事呢？许继锋给出了答案：“一直以来，中国的纪录片教学、创作乃至成果评价机制，都是按照西方学者规划的学术逻辑在执行。有没有一种新的选择可能呢？有没有一种更好的表达中国故事的叙述方式呢？现在是时候在纪录片里表达中国纪录片人的独特的美学主张和价值观了。西泠印社115年历史，没有社长的时间比有社长的时间长。为什么呢？我们现在说文人相轻，其实这个不是中国文人的主流价值观。中国文人的主流价值观是高山流水、惺惺相惜。中国人观察世界、表现真实的方法，也是不同于西方人的。所以我们要以中国人的价值观和美学主张去完善固有的纪录片学术逻辑，建立我们中国人自己的纪录片美学体系。我们学习了西方的纪录片语法，不能忘了自己的独特表达。纪录片当然是最国际化的语言，但不能是西方唯一的语言。”

谁是孤山的主人

牛梦迪 《光明日报》 2018年11月14日

在西泠印社，文豪雅士来来往往，但是山上的梅花还在，山上的苔藓还在，山上的所有花鸟虫鱼，他们的整个“家族”还生活在孤山。

在许继锋看来，他们是孤山的另外一个主人，它们可以告诉观众孤山的整个生命体系没有中断。“它们也是我纪录片叙述的主角，是我关注的一个焦点，我希望我的纪录片能够实现表达方式的突破。”许继锋说。

一只鸟，或是一片苔藓、一块石头，在主创团队的创作思路中，这都是西泠印社真正的主人。一百年没有变，一千年也没有变。这些沉默的见证者，构成了一个完整的生命体系。《孤山路31号》试图打开一个时光窗口，用影像语言找寻西泠印社足迹，解读其中蕴藏的生命力与活力。

作为《孤山路31号》的slogan，“一起去孤山寻宝吧”反映了创制团队推动人文历史全新传播之路的追求，以及对那段传奇岁月的向往。而主创团队之所以把这部片子命名为《孤山路31号》，是希望激发一种让大家亲近、探寻、了解这个文化地标的欲望。

西泠印社就像一个被时间封存的文化宝藏，希望让传统文化以更加贴近时代的方式走进更多观众的视野。

《孤山路31号》美得可以直接拿来当桌面壁纸用

潘雯 《新华网》 2018年11月20日

2018年是西泠印社创社115年。

11月11日起，400多名西泠印社海内外社员、来自各地的重要印学社团代表，以及来自香港、澳门、台湾等地区的嘉宾、艺术社团代表集聚杭州，共赴这场盛大的115年生日会。

115 年，西泠印社从无到有，从创立到发展，从沉寂到雄起，其中的苦难与辉煌，堪称传奇。

由国家一级导演、浙江卫视总编室副主任许继锋执导的大型系列纪录片《西泠印社》序篇《孤山路 31 号》在浙江卫视播出，航拍完成的两分钟片头一亮相，就惊艳了观众。穿越历史时空的影像，创新性的拍摄手法，赢网友纷纷点赞。高颜值的画面，美得可以直接拿来当桌面壁纸用。

很明显，这次的纪录片有了一个新鲜的视角，115 年，西泠印社就像是一座艺术孤岛，在周遭一切都在向着现代化迈进时，依然顽强坚守着传统，研究印学，保存金石。值得一提的是，王福庵就是乾隆爷生前一直崇敬的大书法家王羲之的后人，这段跨越百年的因缘际会也令人惊奇。

四季流转，孤山一直萦绕着历史悠久的人文气息。俯仰之间的草木碑亭，山壁上的摩崖石刻，都见证了西泠印社的诞生与发展。

总导演许继锋说，《西泠印社》系列纪录片颇具实验意味，除了叙事格局独特而充满张力，在镜头语言上也独具创新。

《孤山路31号》要带着大家去西泠寻宝了

刘洋 《环球网》 2018 年 11 月 1 日

《孤山路 31 号》试图打开一个时光窗口，用影像语言，将里面蕴藏的信息解读出来。

2018 年 7 月 27 日，对于《孤山路 31 号》摄制组来说，注定是个不眠之夜。当天后半夜，将上演 21 世纪持续时间最久的月全食奇观。摄制组在西泠印社的保安室里早早就整理好所有设备，肩扛手提着，摸黑登上西泠印社的最高点。

《孤山路 31 号》摄制组在西泠印社已经守候了将近两年的时间，拍摄了大量特殊天气下的西泠印社（比如台风与暴雨天气），这次的月全食，也是不可错过的景观。为此，他们提前两天就根据天文 App 测试了月亮的运行轨迹，定好了延时拍摄的机位。总共是 6 个机位，分别是城隍阁、北山街、雷峰塔以及西泠印社孤山上的题襟馆、华严经塔和石牌坊三处。

月全食开始后，城隍阁、北山街和雷峰塔几个点的拍摄比较顺利，但是西泠印社这边的 3 个小伙子有点抓狂了。因为月亮的位置比头天夜里来踩点时看到的，明显要“高、远”许多，再加上西泠印社植物郁郁葱葱，拍摄环境不如其他几个点那么开阔，月亮的轨迹也不像预想的那样，很难将西泠印社内的景物和月亮同框拍入。于是他们不停地在寻找拍摄点、拍摄角度，尝试各种打光模式，可月亮的移动速度相当快，好不容易找到一个还不错的位置，没几分钟就出框了。

最终，在摄制组的不懈努力下，神奇的事情发生了，在摄影师的镜头里，月亮分成清晰的两部分，明晃晃的亮白与阴影处的暗红。每隔两个小时就出来“巡山”

的保安大哥一看到这情景也很是兴奋，连忙跟着摄制组一起，挑了个好地方拍月亮。组员们笑称，可能这天晚上全孤山的蚊子都被他们承包了。

这样彻夜辛苦，最终呈现在纪录片里，可能就是几秒钟的镜头。

摄制组近日公布的三张主海报，以“探秘”系列海报的设计作为基本框架，并巧妙结合了其他系列中“印石”与“四季”的元素，海报中醒目的标题“一起去孤山寻宝吧”,这是《孤山路 31 号》的 slogan,也是制作组对于观众最主要的一条倡议。

纪录片《西泠印社》的英文名译为“Seal intime ”。正如许继锋所言，“西泠印社就像一个被时间封存的文化宝藏”。为了让传统文化以更加贴近时代的方式走进更多年轻人的视野,《西泠印社》在传播方面做了许多创新。随着作品的播出和预热，制作组将向观众展现他们独特的全裸式创作模式，将社交与内容生产密切融合。

《孤山路31号》创新表现百年西泠精神风骨

国家新闻出版广电总局监管中心　《监管日报》　2018 年 12 月 3 日

浙江卫视纪录片《孤山路 31 号》创新镜头叙事语言，呈现百年印社风骨“以印为证，以文为传”。11 月 14 日起，浙江卫视于每周三 21:30 播出人文纪录片《孤山路 31 号》。纪录片以“湖山记”“草木记”“石头记”为主题，运用多种拍摄技术，创新纪录片表现手法，全景式展现西泠印社百年辉煌历史和独特人文精神，生动阐释了百年印社的精神风骨和时代内涵。

孤山不孤　西泠不冷

蒋子伟　《广电时评》　2018 年 12 月 4 日

故事化叙述、创新性表达、全景式聚焦，在现代传播环境和语境下,《孤山路 31 号》力求拓宽传统电视文化纪录片传播路径，在构建纪录片新语态上做出了颇有成效的创新探索和实践。

西湖有山，名为孤山。山中有社，名为西泠。然而 115 年以来，孤山不曾孤单过，西泠也未曾冷清过，其景色、人文、精神使它藏之名山、传之其人，令无数文人墨客以之如宝、为之神往。为何孤山不孤，西泠不冷？近期在浙江卫视播出的人文纪录片《孤山路 31 号》，以全新的纪录语态给出了诠释。

纪录片以“湖山记”“草木记”“石头记”为主题，运用多种拍摄技术，创新纪录片表现手法，全景式展现西泠印社百年辉煌历史和独特人文精神，生动阐释了百年印社的精神风骨和时代内涵，获得了良好的播出效果。

纪录片《孤山路 31 号》以西湖孤山南麓西泠印社为空间坐标，通过勾连古今中外的金石故事、人物传奇，以情景化的表现形式，娓娓道出西泠印社融艺术自然于一体的人文故事，还原其“人以印集、社以地名”的精神风骨，映射出镌刻于民族内心的西泠精神和文化坚守。

纪录片《孤山路31号》寓情于景，借景抒情，同时阐述了金石篆刻这一中华优秀传统文化的起源、传承和创新，在探寻技艺中挖掘西泠匠人们精益求精、择一事而终一生的精神内涵。节目通过镜头展示各朝各代的印章，回溯印章的发展脉络。自战国时期兴起到秦始皇统一六国，印章成为社会各阶级权力身份的象征，随至汉代规范使用方式。不同的时代环境中，印章承担着不同的使命和功能，虽世殊事异，情随事迁，但金石篆刻技艺始终在历史的长河中经久不衰，历久弥新。

《孤山路31号》用影像触摸历史　以故事传承文化

郑宇　《看传媒》　2018年11月22日

《孤山路31号》讲述“金石人物”对于民族文化之根的自信坚守与仰怀传承；在性灵山水的映照中，诗意传扬高雅人文精神的风范清流。

印章是古老而鲜活的中国符号，它是古今传袭的“诚信”标志，也是人们言志抒怀的艺术雅趣，蕴含着丰厚的中华文化与人文精神。《孤山路31号》以西湖孤山南麓“人以印集、社以地名”的百年西泠名社，勾连古今中外的金石故事、人物传奇，借印信方寸，映射镌刻于民族内心的精神追求和文化自信。在以洗练笔触介绍印章源流、印社沿革、精湛技艺的同时，该片回望时代颠覆动荡、思潮交锋激荡的清末民初，王福庵等“创社四君子”乱世独立，雅集同道研修青铜碑刻，“印宗秦汉”追思上古金石，对于中华文化源头的执着信仰和孤傲坚守；从或自由奔放，或苍劲凌厉的印文中，从琴心剑胆、壮怀激烈的印人故事里，解读感怀方寸天地的家国情怀、淡泊情操、人生理想；借由金石之缘，触摸感怀王羲之、林和靖、李叔同、吴昌硕等文化巨匠归隐入世所蕴藉的人生境界和高贵灵魂；以印石留存的沧桑传奇、180多次西泠雅集的绵延壮观，宣示“西泠不冷”的不绝传承与光大。该片用较高的思想立意把握“西泠精神”，以百年印社这一文化坐标的美好蕴含滋养精神家园，感召人文追求，传扬文化自信。

在故事叙述中，以散文化的手法素描传神，给人以诗意化的美感。全片画面精美流畅，新奇而富有陌生感；4K标准摄制，具有电影级的质感。社会各界对该片的播出给予高度评价，称赞其“以一种不同以往的影像系统，打开了蕴藏在西泠山水间的精神信息”；“故事化叙事，电影级质感，构建了纪录片的新语态”。

纪实主义与表现主义的美学融合探索

赵瑜　郑一佳　《中国电视》　2019年5月刊

为纪念西泠印社创社115年，纪录片《孤山路31号》于2018年11月播出。作为浙江卫视大型系列纪录片《西泠印社》的序篇，“湖山记”“草木记”“石头记”

三集分别讲述了西泠印社的文脉传承、文人风骨和百年流变，用当下的眼光和轻灵的笔法解读了西泠的金石精神与文化信仰。《孤山路 31 号》进一步发挥了浙江纪录片婉约精致的美学特质，并创新性地建构出纪实主义与表现主义融合的美学语态，对人文历史纪录片的美学突破提供了新的路径。

为了映照《孤山路 31 号》的标语“一起去孤山寻宝吧”,“湖山记”“草木记”“石头记”片头均以一分半钟的运动长镜头，开启坐落于孤山南麓的西泠印社探寻之旅。长镜头素来以完整表现客观世界为目标，作为纪录片的重要表现手法，通过镜头内部的视线延伸，给观众带来参与感、伴随感、立体感以及目击式的临场感。

与此同时，影片还将话语权交给孤山生命体系中另一个不会消失的主体——自然。“我”是一条锦鲤，叙述了孤山 115 年的岁月变迁；“我”又是蚂蚁，“数峰阁，这里只余青草，但他们的脚印仿佛还在”，而蚂蚁就是这些脚印的记录者；“我”也是鹤，是和靖先生故事的倾听者，也是荆川先生与文彭先生知己相会的见证者。全片如同是用第一人称写就的一篇蒙太奇散文，与传统的宏大叙事相比，这种散文式的主观叙述形式自由，适合表达复杂的思想。

这种创新首先是叙事学意义上的：视点的转换以及叙事主体的拟人化。源自对纪录片真实观念的珍视，大部分人文历史类纪录片采取第三人称模式，以满足全知视角和客观叙事的形式需要。但《孤山路 31 号》给了不同的主体，甚至非人的主体以话语权，打破人文与自然的二元对立，丰富了纪实主义美学的表达模式，在保持基本文体特质的基础上做了全新的探索。

《孤山路 31 号》通过诗意化的镜头语言与全景式的叙事格局，探索了纪录片中纪实主义美学与表现主义美学的融合方式。

《孤山路31号》讲述百年西泠人的人文坚守

董小易 《浙江日报》 2018 年 11 月 16 日

《孤山路 31 号》用“西泠不冷”的新标识，全景式聚焦百年西泠印社，讲述她跨越 115 年的传奇历史。

总导演许继锋也希望，用“西泠不冷”构建纪录片的全新语态。《孤山路 31 号》的背后，不仅是厚重的百年西泠文化，更记录了它自然的一面。“在西泠印社，文豪雅士来来往往，但是山上的梅花还在，山上的苔藓还在，山上的所有花鸟虫鱼，他们的整个‘家族’还生活在孤山。他们是孤山的另外一个主人，它们可以告诉观众孤山的整个生命体系没有中断；它们也是我纪录片叙述的主角，是我关注的一个焦点。”

《孤山路 31 号》选取富有传奇色彩的人物和故事，用电影化的手法与质感，全景式讲述百年西泠印社的历史和文化变迁，用国际化的拍摄视角，展现融自然与人文为一体的独特魅力。

守正创新彰显文化自信

邱云 《宣传半月刊》 2018 年 12 月上

在西泠印社创社 115 年之际，由国家一级导演许继锋领衔创作的西泠印社题材大型纪录片《孤山路 31 号》坚持“守正创新”的理念，用“西泠不冷”的新标识，全景式聚焦百年西泠印社，提炼和展示出以西泠印社“金石文化”为代表的中华优秀传统文化的当代价值和世界意义，讲述百年名社跨越 115 年的传奇历史。

115 年前，丁仁、王禔、吴隐、叶铭等创社先贤在国家备受列强凌辱、民族面临生死存亡、文化自信不复存在之时，以一种金石般的使命感在孤山一隅创立西泠印社，“保存金石、研究印学”。一副悬挂于西泠印社柏堂内的楹联“大好湖山归管领 无边风月任平章”展现出西泠印社中人何等的文化自信和自强。回首百年，西泠印社诸君的坚守才是民族文化之根、中华文化精髓，才是我们文化自信的根源和基础。

一年的守候　在孤山看见不一样的春夏秋冬

程方　程晓　（《孤山路 31 号》特邀延时和航拍导演） 2018 年 11 月 14 日

西泠印社成立 115 周年
115 年的时光沉淀
汇集了一个名社的源远流长

《孤山路 31 号》
以穿越历史的影像
再现百年名社的传奇
从第一只梅花的开放到冬日的大雪纷飞
我们在一年中尝试了不同的影像实验

回望一年来我们的创作
春夏秋冬的守候
也化作了“西泠不冷”的映像诗篇
在流逝的时间和变幻的四季中
仿佛也感受到了前辈文人们的心境
感受到了这片山水不变的长情
回想那些在西泠拍摄的日子
总是怀揣着一种亲切而温暖的眷恋
我们曾和蜜蜂一起采集整个孤山的甜蜜
和飞鸟一起划过华严经塔的上空

和微风一起拂过文泉的涟漪
和鸳鸯一起等待湖畔的飞雪
春夏秋冬的西泠
每个角度都美得不可胜收
让人心动

印泉、潜泉、文泉、闲泉、仰贤亭、鸿雪径……
在来回走过无数次之后
一个地名就再也不只是地名了

西泠的每棵树、每块石头
也许都藏着一段过往的故事
也和我们有了别样的感情
在影像凝固的西泠时间里
悄然许下一个心愿
愿这山河不老
愿西泠有它更美好的明天

《孤山路31号》作品信息

出 品 人　吕建楚

总 策 划　陈振濂　姜　军　龚志南
策　　划　王宏伟　秦　陶　何　平　杨劲松　陶　燕　陈九九
文史顾问　王佩智　梁章凯　曹工化　陈博君

总 导 演　许继锋
总 撰 稿　曾　辉　张海龙
导　　演　杨　铭　孙宇铭　徐祝辉　葛临镫
导演助理　谢凯一　朱清清
解　　说　陈曼曼

摄影指导　余源伟
延　　时　程　方　程　晓　袁祥祎　黄凌燕　方　正
航　　拍　程　方　程　晓　叶子健
摄　　影　孔佐殷　孔万杭　魏楠一　谢驰明　焦大勇　魏章浩　王一卓
　　　　　于　亮　朱逸凡　宋孝玄　肖　华　张雨航　韩　燚　王子宣
　　　　　李　沐　赵庆宇　洪得珺　金卓皓　谢修超　姚皓俊　徐家锴
红外摄影　马理朝　武子杰
红外后期处理　王壮壮
天轨摄影　魏章浩　朱逸凡　韩　燚　肖　华　赵庆宇　姚庐键　赵一博
超微距摄影　朱逸凡　肖　华　赵庆宇

后期导演　杨　玲
后期剪辑　杨　玲　王海艳　席源鸿　杨金蓉
美术指导　唐本达
包装制作　陈家熙
调 色 师　王　刚
DI制作人　宋明媚
数字中间片剪辑师　陈考明
技术支持　陶嘉杰
声音设计/混音　高泽霖
后期合成　杨　奕

情景再现拍摄团队

导　　演　汪　哲

副 导 演　徐冬艳

导演助理　陈国超　马雪梅

摄　　影　马天亮

摄影大助　王海峰

摄影助理　陈一平　徐　涛　彭　曾

灯 光 师　陈　晓

美 术 师　谈　天

执行美术　丁鎏南　杨鎏嘉

服 装 组　黄　琛　郝端阳　张智丽

化　　妆　史锦晶　张益元　陈　思

演员统筹　赵雪妮　艾　雷

视　　效　喆和子安视效实验室

现场制片　王梦琰

制片助理　虞嘉安　邹思敏

三维动画创作指导　张　拓

动画创意总监　孔时伟

动画技术总监　程剑峰

动画艺术指导　卫　巍

三维总监　曹卫卫

特效总监　麦　芃

动 画 师　刘悦辉　金苗倩　何晓飞

特 效 师　翟亚超　范　迪

音乐顾问　陈其钢

主题曲作词　许继锋

主题曲作曲　王之一

主题曲演唱　霍　尊

片头音乐演唱　单聪明秀

弦乐录音　国际首席爱乐乐团

乐团总监　李　朋

音乐制作统筹　雨黎音乐工作室

音乐编辑　陈九九　周一红

音乐录音混音 许　扬
音乐监制 侯　湃

“西泠不冷”公众号平台维护 楼　吟　汪莹瑕　王安静
“西泠不冷”图文编辑 汪莹瑕　王安静

特别鸣谢

杭州华唐影视传媒有限公司（余源伟团队）
杭州时之华文化传媒有限公司（程方和程晓工作室）
古画复刻 刘文胜

宣传片制作 陈谷峰　方思远　孔洪峰　鲁　岱　徐王良
宣传推广 彭榆博　王米娜　边　渊　张　捷　冯　京　潘　雯　高　超
王炜健　宫　浩　章俊杰　王　璠　许一鸣　张琴言　沈雨潇
总 协 调 顾祥森
协　　调 申　俭　邱　云　戴海栋
统　　筹 洪兵站　王　臻　王海杰　何　琦　马　莉
资料统筹 郭超英　邓　京　诸葛慧　朱小雨　胡慧媚

制　　片 曾伟民　储成诚
制片主任 相　忆
项目统筹 杨　杨　江山红
艺术统筹 余源伟
技术统筹 陈家熙
制 片 人 王　欣
监　　制 陈方柱　王　俊　黄　未
总 监 制 姜　军　陈立波

特别感谢

陈爱彬　陈　峰　陈宏勉　陈惠琴　陈　墨　蔡　毅　丁如霞　邓昌成
邓伟雄　方国梁　范一安　傅玉芳　顾祥森　高庆春　高式熊　江　吟
黄尝铭　洪能仕　金恩楠　蒋瑾琦　晋　鸥　林　尔　李　平　李清源
吕国璋　柳晓康　李夏荣　刘　瑜　毛　腾　钱伯皓　钱　路　桑建华
施养耀　沈正宏　唐存才　吴新如　吴　超　吴国豪　吴根荣　吴金洋

吴　平　吴文纹　王舞月　王　勋　吴心东　吴　莹　薛平南　薛志扬
杨　磊　袁力鑫　杨湘蓁　余　正　周　澄　赵东晓　张耕源　赵杭波
郑文灏　张炜羽　赵　熊　周易阳　祝辰洲　龙乐恒（法）
赤井清美（日）　高木圣雨（日）　井谷五云（日）　内藤富卿（日）
青山庆示（日）　小林高明（日）　小林俊明（日）　奈良衡斋（日）
奈良始（日）　冈野央（日）

协助拍摄

浙江展览馆　浙江省博物馆　浙江美术馆　西泠印社社务委员会
西泠印社集团有限公司　浙江传媒学院　杭州市民族宗教事务局
杭州西湖风景名胜区管理委员会杭州超山风景名胜区管委会
杭州西溪湿地公园管委会　宁波博物馆　杭州孔庙
杭州超山吴昌硕纪念学堂　江苏盐城湿地珍禽国家自然保护区
江苏盐城丹顶鹤事业生态旅游区　香港集古斋
香港三联书店联合出版（集团）有限公司　香港饶宗颐文化馆
香港大学饶宗颐学术馆　台北中山纪念馆　台湾印社
台湾篆刻家协会　日本东京国立博物馆　日本朝仓雕塑馆

中共浙江省委宣传部
中共杭州市委宣传部
浙江广播电视集团
西泠印社
浙江大学

联合摄制

浙江广播电视集团出品
2018年11月

图书在版编目（CIP）数据

孤山路31号 / 许继锋主编. -- 杭州 : 西泠印社出版社, 2019.9
ISBN 978-7-5508-2791-2

Ⅰ. ①孤… Ⅱ. ①许… Ⅲ. ①西泠印社－史料 Ⅳ. ①G239.22

中国版本图书馆CIP数据核字(2019)第151164号

孤山路31号

许继锋　主编

出 品 人　江　吟
责任编辑　伍　佳　王　欣
责任出版　李　兵
责任校对　刘玉立
装帧设计　王　欣
出版发行　西泠印社出版社
（杭州市西湖文化广场32号5楼　邮政编码　310014）
经　　销　全国新华书店
制　　版　杭州如一图文制作有限公司
印　　刷　浙江海虹彩色印务有限公司
开　　本　889mm×1194mm 1/16
印　　张　15.5
印　　数　0001—1500
书　　号　ISBN 978-7-5508-2791-2
版　　次　2019年9月第1版　第1次印刷
定　　价　158.00元

西泠印社出版社发行部联系方式：（0571）87243079